GÉNÉRAL LUZEUX

Notre Politique

AU MAROC

AVEC 3 CROQUIS DANS LE TEXTE

PARIS

Henri CHARLES-LAVAUZELLE

Éditeur militaire

10, Rue Danton, Boulevard Saint-Germain, 118

(MÊME MAISON A LIMOGES)

NOTRE POLITIQUE AU MAROC

Iig 2
144

DROITS DE REPRODUCTION ET DE TRADUCTION RÉSERVÉS.

GÉNÉRAL LUZEUX

NOTRE POLITIQUE

AU MAROC

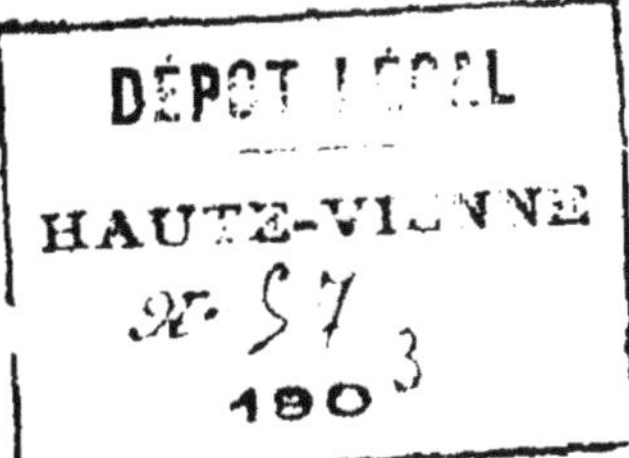

PARIS

Henri CHARLES-LAVAUZELLE

Éditeur militaire

10, Rue Danton, Boulevard Saint-Germain, 118

(MÊME MAISON A LIMOGES)

PRÉFACE

Depuis quelques années la presse relate fréquemment des incursions dans le Sud-Oranais, opérées soit par des tribus marocaines, soit par des bandes de pillards sorties de l'oasis de Figuig. L'opinion publique se demande pourquoi ces brigandages se renouvellent et pourquoi nous n'en rendons pas responsable le sultan marocain, notre voisin.

Ayant fait partie pendant 16 ans d'un corps permanent de la province d'Oran, j'ai contribué, dans le rang modeste que j'occupais alors, au maintien de l'intégrité et de la sécurité de notre frontière franco-marocaine.

J'ai naturellement cherché à me rendre compte des conditions de nos relations, si précaires, avec le Maroc.

Aujourd'hui, dans la retraite, ces labeurs de ma jeunesse ne peuvent qu'éveiller des souvenirs et exercer quelque attrait pour mon esprit.

J'offre donc ici au public le résultat de mes recherches et le fruit de mes réflexions.

Puissent-ils faire ouvrir les yeux sur une situation instable qu'à mon avis nous avons tort de ne pas régler définitivement avec fermeté. C'est méconnaître un danger, qui deviendrait des plus sérieux pour nous, en cas de conflagration européenne.

Bien qu'en général le public possède actuellement des cartes très détaillées de la région, objet de mon étude, j'ai cru utile de joindre au texte quelques croquis sommaires qui en faciliteront l'intelligence, d'autant mieux qu'ils seront débarrassés de toutes les indications superflues pour atteindre ce résultat.

NOTRE POLITIQUE AU MAROC

I

HISTORIQUE DE NOS RELATIONS AVEC LE MAROC

Nos relations politiques avec le Maroc ne datent réellement que du lendemain de notre établissement en Algérie. Jusqu'alors les sultans de Fez ne nous étaient connus que comme des barbares, hostiles à tous les Européens sans exception et dont les sujets pratiquaient la piraterie aussi bien que ceux du dey d'Alger ; ils s'étaient même attiré pour ce fait, tant de la part de la France que d'autres États, des représailles telles que bombardement des ports et chasse à outrance donnée aux corsaires par les marines de guerre. A certaines époques, des ambassadeurs marocains s'étaient présentés, il est vrai, à la cour de nos rois ; mais aucunes relations diplomatiques ne pouvaient être nouées effectivement avec un gouvernement qui subordonnait la pratique du droit des gens au gré de ses caprices.

A partir de 1830, la situation devait changer. Lorsque nous prîmes la ville d'Alger et que nous renvoyâmes en Turquie le dey qui venait de capituler, le gouvernement français avait-il réellement l'intention de faire la conquête de l'Algérie entière ? C'est fort douteux ; car nous eussions alors entrepris une tâche dont nous n'avions pas cherché à reconnaître l'étendue et les difficultés ; c'eût été plus que de l'imprudence.

D'ailleurs, la Révolution de juillet 1830 qui suivit, dans l'intervalle d'un mois, la prise d'Alger, changea notre situation politique en Europe. Nous devions craindre qu'une coalition ne se formât contre nous ou que nous eussions tout au moins à soutenir une guerre contre quelques puissances. Notre domination sur la côte septentrionale d'Afrique devait subir le contre-coup de cet état de choses. Depuis lors elle a souffert d'autres épreuves de ce genre et il en sera de même bien longtemps encore.

Après la prise d'Alger notre premier soin fut donc d'embarquer au plus vite le dey et les notables turcs de la ville. Il eût été plus politique de chercher à nous servir de tous ceux dont nous aurions pu acheter le concours, qui nous eût été des plus utiles. Cela prouve combien était grande notre ignorance du pays. Nous crûmes bien faire aussi en délogeant, en outre, de tous les ports de la côte tous les fonctionnaires du dey. Nous créâmes ainsi l'anarchie dans le pays arabe en entier et cela sans profit pour nous : bien au contraire.

L'autorité du dey d'Alger n'avait jamais été complètement acceptée par toutes les populations qu'il était censé administrer. Son gouvernement, exclusivement militaire, n'était que l'exploitation d'un peuple par une poignée d'aventuriers turcs, qui ne se préoccupaient que de percevoir les impôts qui les enrichissaient. Ils n'étaient cependant que quelques milliers; pour s'imposer à environ deux millions d'Arabes, il leur fallait donc joindre à la force, à l'abus même de la force, la pratique d'une certaine diplomatie. Elle consistait à ne réclamer de chacun la dépendance, c'est-à-dire le paiement de l'impôt, que dans la mesure de la force réelle qu'on pouvait déployer contre lui. Cette force variait selon les régions et les époques. Très effective dans la province d'Alger, à l'exception de la grande Kabylie, elle était bien moindre dans les deux autres provinces et spécialement dans celle d'Oran, dont la population était la plus pauvre, mais aussi la plus guerrière.

Le bey d'Oran commandait à Oran, à Mostaganem, à Mascara et à Tlemcen, ainsi que dans les banlieues de ces villes ; mais dans le reste du pays l'impôt n'était payé que sous la contrainte de petites colonnes expéditionnaires, c'est-à-dire assez irrégulièrement.

Pour assurer son pouvoir, le bey fomentait des différends et même des guerres de tribu à tribu; il intervenait ensuite, et le vaincu était pillé de fond en comble tant par la milice turque que par les tribus arabes qui l'avaient appelée à leur secours.

Telle était l'administration turque dans la région du Tell, c'est-à-dire la région côtière où se pratique la culture du sol. Quant aux tribus nomades du Sud de la province, elles ne payaient une redevance que quand leurs caravanes se présentaient dans des villes ou des postes, résidences d'un fonctionnaire turc. Ne cultivant pas ou ne pouvant cultiver les céréales, elles étaient obligées de venir en chercher dans le Tell, et elles les payaient en les échangeant contre la laine et les dattes qu'elles apportaient du Sud.

Nous Français, nous n'avions alors aucune idée d'un semblable gouvernement, et l'eussions-nous eue, nous ne pouvions l'imiter; nous n'aurions dû cependant y faire quelques emprunts en tant qu'ils ne fussent pas condamnés par la morale.

Le bey d'Oran avait à Tlemcen un lieutenant dont la circonscription comprenait tout l'ouest de la province. Il n'avait à sa disposition qu'une centaine de Turcs; mais la ville de Tlemcen était en grande partie peuplée de *Koulouglis*, nés de l'union de soldats turcs avec les fem-

mes indigènes. Ces demi-turcs étaient de précieux auxiliaires pour le lieutenant du bey, qui ne manquait jamais
de les compromettre dans les conflits avec les Arabes.
Plus tard, après la prise de Tlemcen, nous trouvâmes
dans ces Koulouglis les éléments du fameux bataillon
turc que commanda Cavaignac et qui soutint le siège
de la ville contre Abd el Kader. Nous eûmes alors la
preuve de la faute que nous avions commise en bannis-
sant, sans distinction, tous les serviteurs du gouvernement turc, tandis que, justement rétribués, ils nous eussent prêté le concours le plus efficace.

Nous avions oublié le précepte si cher aux Turcs : diviser pour régner.

La tâche du lieutenant du bey à Tlemcen était particulièrement difficile. Tlemcen d'une part, et Fez, la capitale du Maroc, de l'autre, étaient deux villes rivales
depuis des siècles et bien avant l'arrivée des Turcs. A la
suite du démembrement de l'empire arabe du nord de
l'Afrique, divers royaumes s'étaient formés, et notamment ceux de Fez et de Tlemcen. Il s'était élevé entre
ces deux derniers des guerres longues et acharnées, et
leurs limites avaient été souvent déplacées par les vicissitudes de la fortune des armes entre le cours de la Tafna
et celui de la Moulouia. Les populations cantonnées entre ces deux rivières, fréquemment foulées par les armées,
pillées par elles, changeant de maîtres parfois après chaque guerre, ne reconnaissaient à leur tour aucune souveraineté légitime. A leurs yeux, impuissante à les protéger pendant la guerre, elle était trop prompte à leur
imposer de lourds impôts pendant la paix. Dans cet état
de quasi-anarchie, la frontière n'avait plus de signification. Aussi quand, maîtres de Tlemcen, nous cherchâ-
mes à en délimiter la circonscription, nous ne trouvâmes
que des traditions confuses et parfois contradictoires.

Le Maroc ne se désintéressa pas, en 1830, de notre

établissement à Alger et à Oran ; le sultan se hâta de désigner, pour remplacer les Turcs à Tlemcen, un fonctionnaire de son choix, qui devait y établir sa souveraineté.

Mais, d'autre part, Abd el Kader entreprenait de fonder un royaume arabe dont la capitale fut d'abord Mascara ; il marcha sur Tlemcen et en chassa le protégé du sultan de Fez qui n'avait pas encore reçu d'investiture officielle et qui était sans autorité. Le sultan du Maroc paraît n'avoir jamais pardonné à Abd el Kader sa conduite dans cette circonstance, et, plus tard, il lui refusa à son tour un refuge assuré dans ses Etats. Après diverses vicissitudes, Tlemcen resta définitivement entre nos mains, et nous en fîmes le chef-lieu d'une subdivision qui comprit toutes les tribus dépendant plus ou moins normalement de cette ville, et sur lesquelles nous établîmes notre autorité.

Le Maroc conçut alors une vive alarme, et on se demanda certainement à Fez si les Français, en goût de conquêtes, n'y viendraient pas un jour pour l'assiéger.

De conflit en conflit, le gouvernement marocain se décida, en 1844, à tenter la fortune des armes contre nous. Elle lui fut contraire et le général Bugeaud remporta la célèbre victoire d'Isly sur une armée qui était venue jusqu'en vue de la ville d'Ouchda, sur notre frontière. Ce brillant succès sur terre coïncida avec les bombardements de Tanger et de Mogador par notre flotte. Les Marocains s'inclinèrent devant la volonté de Dieu et, au lieu de continuer à rêver la possession de Tlemcen, la rivale détestée de Fez, ils demandèrent la paix. Ils signèrent l'année suivante le traité qui fixa le tracé de la frontière et qui régla les relations entre Algériens et Marocains.

Pour tracer la frontière dans la région du Tell, les parties contractantes se basèrent sur *l'uti possidetis;* c'est-

à dire que nous revendiquâmes l'autorité sur toutes les
tribus auxquelles nous l'avions déjà imposée au moment
de la bataille d'Isly; les Marocains y consentirent à re-
gret ; mais, en ce qui concernait la région du Sud, comme
elle était très imparfaitement connue de nous, ils s'atta-
chèrent à n'éveiller notre attention sur aucun point de
cette région : ils la déclarèrent *inhabitable*, ce qui ex-
cluait toute idée de frontière précise.

Comme cependant nous pouvions leur objecter qu'à
notre connaissance il y avait néanmoins par là quelques
oasis habitées, ils nous en attribuèrent nominativement
un certain nombre ne s'en réservant que deux, nominativement également, bien qu'ils eussent pu en citer davantage. Ils firent preuve de beaucoup de diplomatie
en sauvant, au prix de quelques concessions, tout ce qui
leur paraissait plus important et qui l'était effectivement.

II

COUP D'ŒIL SUR LA GÉOGRAPHIE DE L'OUEST ALGÉRIEN

Ce ne peut être ici le lieu d'exposer la géographie de
la province d'Oran ; nous n'insisterons que sur la région
voisine de la frontière marocaine.

Le voyageur parti de la côte méditerranéenne et se dirigeant vers le Sud traverse d'abord la région dite du
Tell, dont la largeur N.-S. varie de 70 à 100 kilomètres.
C'est le pays des cultures ; mais les pâturages y sont nombreux aussi bien que les forêts y sont rares. C'est pour
donner ces pâturages à leurs moutons que trop souvent les
indigènes allument des incendies dont les cendres ferti-
lisent le sol. Ils vivent en général sous la tente ; mais
ils ne déplacent celle-ci que dans un cercle restreint, autant pour se soustraire à la vermine, conséquence d'un
campement prolongé, que pour se rapprocher, alternati-
vement et selon les saisons, tantôt de leurs récoltes en céréales, tantôt des pâturages les plus abondants. Les villages indigènes sont rares et ne se rencontrent que dans
les montagnes, derniers refuges des autochtones, des Kabyles fuyant devant l'invasion arabe

Il n'y a pas dans cette province de Kabyles proprement
dits et leur idiome y est oublié. Les indigènes sont tous
Arabes ou plus ou moins arabisés.

Le pays est accidenté, bien qu'on n'y rencontre pas de
hautes chaînes de montagne. Les cours d'eau, presque
tous à sec pendant une grande partie du temps et à cause
du déboisement à peu près général, se fraient un passage

très sinueux au milieu des massifs. Le plus souvent, en remontant les vallées des principales rivières, il semble à un instant qu'on finisse par arriver au pied d'une chaîne de montagnes où se trouvera la source. C'est souvent une illusion. Les cours d'eau importants traversent en général la chaîne de montagnes, qui, à première vue, borne le Tell au Sud, et les véritables sources sont sur les hauts plateaux, par delà les montagnes. Ce fait peut se vérifier par exemple, pour la Mina, l'oued Hammam, la Mekerra. La Tafna ne fait pas exception, tout au moins par ses affluents supérieurs, qui, la plupart, prennent leurs sources au sud des montagnes qui bordent le Tell du côté des hauts plateaux.

C'est naturellement dans le Tell que la colonisation s'est développée presque exclusivement.

En dépassant vers le Sud les sources des rivières du Tell, on arrive donc à une ligne de partage des eaux n'ayant que peu de relief au-dessus du terrain et qu'il est par conséquent parfois difficile de préciser; aussi nos cartes anciennes sont-elles fréquemment inexactes pour cette région.

Au delà de cette ligne de partage, on ne voit plus que plateaux plus ou moins ondulés, d'une altitude moyenne de 1.000 mètres dans la province d'Oran, et au milieu desquels émergent çà et là, avec une hauteur de 200 à 300 mètres, des massifs rocheux à peu près dépourvus de végétation.

D'une façon générale le terrain s'incline vers des dépressions connues sous le nom de *chott*. Elles sont peu profondes; aussi, quoique constituant les réservoirs d'assez vastes étendues de terrain, les eaux qui s'y rassemblent couvrent-elles de grands espaces, et elles présentent ainsi des surfaces favorables à une évaporation rapide. Sous l'influence de la chaleur et du vent du Sud, ces eaux disparaissent fréquemment ; on ne voit plus que des terrains marécageux, plus ou moins impraticables, et l'eau qui persiste se réduit à des mares. Souvent une végétation plus vigoureuse en raison de l'humidité du sol, signale seule à la vue la dépression qui, en Europe, serait couverte par un lac.

Le nom de *chott* s'applique aux dépressions de très grande étendue, et en particulier à deux d'entre elles : le *chott Chergui* ou oriental, que traverse la route conduisant du Tell à Géryville, et le *chott R'arbi* ou occidental, que traverse la frontière franco-marocaine. Aucun de ces chotts n'a de communication avec la mer; ils forment des bassins absolument indépendants. Les dépressions de moindre étendue portent les noms de *daya* ou de *sebka;* les simples mares sont dénommées *redir*.

L'eau qu'on trouve dans ces dépressions est rarement de bonne qualité ; parfois elle n'est pas potable. Elle provient des pluies tombées sur des terrains qui, dans cette région, sont fréquemment imprégnés de sels. Parfois on rencontre cependant, à peu de distance des bords d'un chott, des puits d'eau potable ; plus rarement encore, c'est une source de bonne eau.

Toute la région est dépourvue de bois et même de broussailles ; elle est couverte de plantes vivaces, dont quelques-unes peuvent servir à la pâture. L'*alfa*, dont on connaît l'usage industriel, abonde dans certaines parties. Quelques plantes, spécialement celle que nos soldats appellent à tort le thym, peuvent même servir de combustible ; mais il faut alors en recueillir de grandes quantités ; elles brûlent en produisant une fumée abondante et suffocante qui communique un goût détestable aux aliments qu'on a fait cuire par ce procédé.

Il n'est pas rare aussi que l'eau des puits et des mares soit dégoûtante. Privés de la possibilité de se désaltérer depuis plusieurs jours, quelques-uns des moutons, enfiévrés de soif, qu'on y amène, se jettent dans les puits et

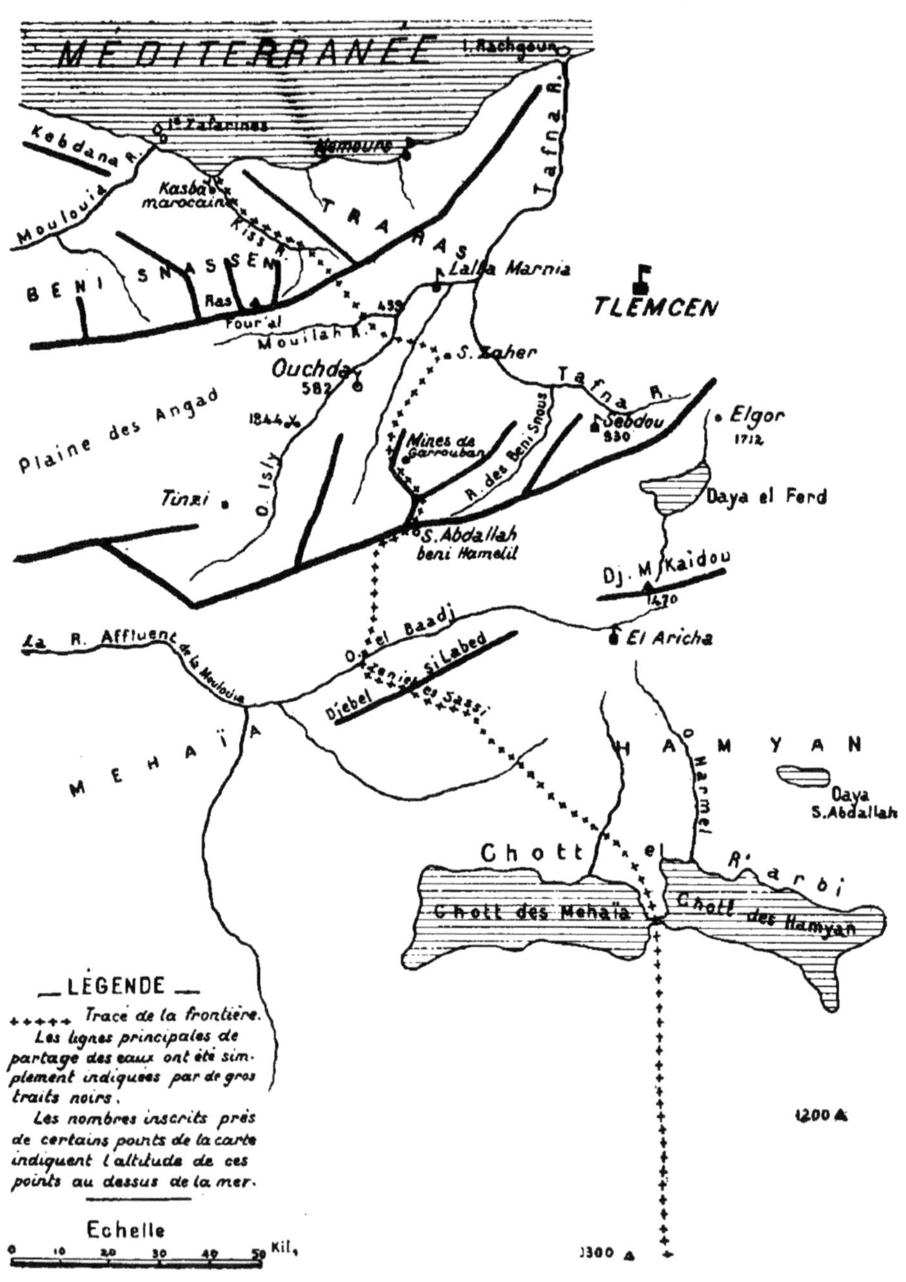

MÉDITERRANÉE
i. Rachgoun
is Zafarines
Nemours
Tafna R.
Kebdana R.
Moulouia
Kasba marocaine
Kiss R.
T R A R A S
BENI SNASSEN
Lalla Marnia
TLEMCEN
Ras
Four'al
Mouilah R.
433
S. Zaher
Ouchda
582
Tafna R.
1844
Sebdou
930
Elgor
1712
Plaine des Angad
Mines de Garrouban
R. des Beni-Snous
Daya el Ferd
Tinzi
O. Isly
S. Abdallah
beni Hamelil
Dj. M'Kaidou
1470
La R. Affluent de la Moulouia
O. el Baadi
El Aricha
Djebel Zerier es Sassi
Si Labed
H A M Y A N
O. Harmel
MEHAÏA
Daya
S. Abdallah
C h o t t   e l   R' a r b i
Chott des Mehaïa
Chott des Hamyan
1200
1300
LÉGENDE
Tracé de la frontière.
Les lignes principales de
partage des eaux ont été sim-
plement indiquées par de gros
traits noirs.
Les nombres inscrits près
de certains points de la carte
indiquent l'altitude de ces
points au dessus de la mer.
Echelle
0   10   20   30   40   50 Kil.

s'y noient. Les Arabes ne se hâtent pas toujours de retirer les cadavres. Le bétail admis à boire dans les mares ne tarde pas à y satisfaire ses besoins naturels. En résumé, les eaux sont rares dans la région et trop souvent peu potables; mais il faut bien cependant s'en contenter.

Je citerai encore comme combustible employé dans ces pays inhospitaliers la fiente desséchée des chameaux. Elle dégage aussi en brûlant une odeur fort désagréable.

On conçoit que ces conditions de l'existence rendent les marches sur les hauts plateaux fort pénibles pour nos soldats; mais il faut ajouter à tous ces inconvénients un climat rude parce qu'il est souvent excessif.

En hiver, la température s'abaisse à plusieurs degrés au-dessous de zéro pendant la nuit pour remonter, pendant le jour, jusqu'à 25 degrés, si aucun nuage ne vient tamiser les rayons solaires.

En été, l'air est brûlant de jour et de nuit, et parfois troublé par de violents ouragans de poussière accompagnés d'une chaleur suffocante. Ces tempêtes se prolongent pendant plusieurs jours de suite dans la direction du Sud vers le Nord.

En hiver, les marches dans cette région deviennent très dangereuses par les temps de neige. La brume, qui en est la conséquence, et la blancheur uniforme du sol déroutent les meilleurs guides. Surprise dans ces conditions, une colonne expéditionnaire doit s'arrêter n'importe où et y établir son campement. Elle brûlera, non sans très grandes difficultés, les plantes du voisinage qui seraient quelque peu combustibles. Elle emploiera pour la boisson de la neige fondue et pourra péniblement faire un peu de cuisine et même se réchauffer.

Un pays pareil ne peut pas être très peuplé. Les Arabes qui y vivent et même qui s'y plaisent sont nomades dans toute la force du terme. Opérer des migrations de cinquante et même cent lieues leur paraît chose naturelle.

Leur richesse consiste en chameaux et en moutons. Ceux-ci donnent leur laine et ceux-là leurs poils dont on fait des tissus, des tapis et avec lesquels on confectionne aussi des tentes. La chamelle produit en outre du lait.

Quand la tribu voyage, les chameaux portent les tentes, les provisions de bouche et les enfants en bas âge. Les femmes suivent à pied, à moins que leurs maris ne soient riches ; elles montent dans ce cas dans des *attatich* (palanquins) placés sur le dos des chameaux. Les hommes sont toujours à cheval et porteurs de toutes leurs armes, savoir : un fusil, souvent un pistolet, un sabre et fréquemment un bâton à crochet avec lequel le combattant cherche à saisir son adversaire et à le désarçonner. Les bergers, généralement nègres et même esclaves, suivent à pied les troupeaux. En hiver, ces migrations se dirigent généralement vers le midi, afin d'y trouver une température plus douce et des pâturages non couverts de neige. En été, elles remontent vers le Nord pour y chercher la fraîcheur et des eaux vives, s'il se peut.

L'état nomade est donc absolument imposé à ces populations ; mais les événements, et notamment l'état de guerre de tribu à tribu, amènent parfois de grandes modifications aux migrations dont nous venons d'indiquer la loi générale.

Plus loin, il sera question aussi du rôle que jouent les oasis dans les migrations des tribus nomades.

III

FRONTIÈRE FRANCO-MAROCAINE DANS LE TELL

Dans le voisinage de la frontière, la côte algérienne est surtout rocheuse ; elle ne présente aux navires aucun abri important. Nemours, le centre français le plus rapproché, n'a qu'une rade foraine ; le mauvais temps y arrête toute opération d'embarquement ou de débarquement.

Plus à l'Est encore, se trouve l'estuaire de la Tafna, couvert partiellement par l'île volcanique de Rachgoun; mais il existe une barre et même des récifs dans cet estuaire, et la rivière elle-même est déjà guéable à un kilomètre en amont. En résumé la côte algérienne est, en général, inhospitalière aux navigateurs.

La côte marocaine, qui s'étend vers l'Ouest et qui borde la plaine de Trifa, est au contraire basse et sablonneuse jusqu'à l'embouchure de la Moulouïa. Le peu de fond de la mer oblige les navires, même de faible tonnage, à s'en tenir écartés.

La frontière est marquée d'abord par le cours de l'oued Kiss, ruisseau insignifiant qui disparaît à une vingtaine de kilomètres en amont.

Deux tribus marocaines, les Beni-Mengouch et les Athia, sont cependant campées sur la rive droite de ce ruisseau. Elles comptent ensemble 800 âmes. Elles reconnaissent notre autorité et nous paient l'impôt. On a fini par les considérer comme algériennes.

Le spectateur placé à l'embouchure du Kiss et faisant face au Sud aperçoit à une quinzaine de kilomètres de distance une chaîne de montagnes assez élevées. Ci et là il y reconnaîtra confusément des petits villages, mais le plus souvent dissimulés par les arbres. C'est le pays des Beni-Snassen, qui dépendent du Maroc. Vus de la mer, ils semblent assez bien protégés par les pentes peu accessibles qu'ils dominent. Cependant, par delà les montagnes qu'ils habitent et au pied de leur versant sud, s'étend un plateau de 600 mètres d'altitude et même de 800 mètres dans sa partie occidentale. Si on aborde les montagnes des Beni-Snassen par le sud, on a donc un fort gradin de moins à escalader. Donc c'est par là qu'on doit attaquer cette tribu, et non en partant de la mer. Bien qu'en 1859 il nous eût été très facile de diriger notre attaque par le Sud, c'est par le Nord que nous avons opéré, et nous avons obtenu la reddition de cette tribu, après avoir gravi péniblement les pentes qui conduisent au plateau central d'Aïn-Tafouralt où nous prîmes position. Nous ne voulions pas soumettre le pays à notre domination, mais en châtier les habitants qui, deux mois auparavant, étaient venus faire une incursion armée sur notre territoire. Nous reviendrons plus loin sur ces faits.

Le point culminant des montagnes des Beni-Snassen est le Ras-Foural, dont l'altitude dépasse 1.200 mètres. C'est autour de ce pic que la chaîne de montagnes est le plus épaisse. Cela démontre que non seulement il ne faut attaquer ces montagnes que par le sud, mais qu'il faut aussi le faire très à l'ouest du Ras-Foural. Le plateau d'Aïn-Tafouralt sera toujours l'objectif le plus convenable pour maîtriser le pays.

Les Beni-Snassen ne comptent pas dans les tribus du Riff, bien qu'ils aient avec elles beaucoup d'affinité ; ils en sont d'ailleurs séparés par le cours inférieur de la Moulouïa.

On a fréquemment attribué à cette rivière une importance qu'elle n'a pas. Elle est une des plus considérables de cette région ; elle n'y est jamais à sec ; mais, comme la Tafna, dont nous parlions précédemment, la Moulouïa présente des gués déjà à quelques kilomètres en amont de son embouchure. Pour qualifier l'obstacle qu'elle constitue, il suffit de dire qu'elle n'est jamais infranchissable pour les indigènes du pays, qu'elle ne peut nulle part porter bateau, et que sur son parcours considérable (elle jaillit des sommités de l'Atlas) on ne rencontre aucun pont.

Son débit est très abondant au moment des pluies et surtout lors de la fonte des neiges de l'Atlas. Les gués peuvent rester alors impraticables pendant des heures et même pendant quelques jours exceptionnellement ; mais considérer un pareil cours d'eau comme susceptible d'être une frontière naturelle, ce serait abuser de la signification de ce terme.

A l'ouest de l'embouchure de la Moulouïa, la région côtière porte le nom de Kebdana ; elle est rocheuse, assez élevée et sillonnée de torrents qui se rendent directement dans la mer. Ce n'est pas non plus déjà le Riff, mais une contrée intermédiaire dont les habitants ont les mœurs des Riffains ; ils ont horreur des agents du sultan de Fez, qu'il faut faire accompagner d'une troupe armée lorsqu'ils viennent percevoir les impôts.

A l'ouest de la Kebdana s'avance vers le Nord une presqu'île terminée par le cap Tres Forcas, et sur la côte orientale de laquelle est bâtie la petite place espagnole de Melilla. Le territoire de ce *présidio* est délimité, d'après le texte même des traités, par la portée extrême de la pièce de 24 lisse mise en batterie sur les remparts de la ville. C'est bien exigu et très suggestif.

Jusqu'à ce jour, ce pied mis par l'Espagne sur la côte marocaine ne lui a valu que de coûteuses expéditions sans résultats avantageux. Melilla n'a jamais cessé d'être un bagne espagnol et rien de plus.

Dès 1845, l'Espagne a cru devoir s'établir encore aux îles Zaffarines, en face de l'embouchure de la Moulouia, probablement pour nous interdire de porter notre frontière jusque sur les bords de cette rivière. Ces petites îles, au nombre de deux ou trois, n'ont absolument aucune valeur. Presque planes, elles n'offrent d'abri qu'à des barques de commerce et par le beau temps seulement. Un petit détachement d'infanterie, détaché de Melilla, y monte la garde au pied du drapeau espagnol hissé sur un bâtiment situé dans l'îlot principal.

Avant de poursuivre l'étude de la frontière, il convient de dire quelques mots de nos relations avec les Beni-Snassen.

Pendant longtemps l'*amal* (gouverneur), nommé par le sultan de Fez à Ouchda pour représenter son autorité dans la région, ne pouvait l'exercer effectivement que dans cette ville où il résidait et sur les tribus qui cultivent les céréales dans la plaine environnante. Ouchda se trouve au sud des montagnes des Beni-Snassen. Les Angad, nomades qui circulent dans la plaine entre Ouchda et la Moulouia et sur la route de Fez, se montraient de même rétifs au paiement des impôts. Quant aux Beni-Snassen, ils le refusaient en principe. Retranchés dans leurs montagnes, ils bravaient la petite troupe de soldats de l'amal d'Ouchda, et c'est tout au plus si ceux-ci parvenaient, de temps à autre, à opérer quelque razzia dans les vallées inférieures.

Les Snassen ne sont pas cependant des gens hostiles à toute autorité ; mais ils se demandaient à quoi leur servait celle de l'amal d'Ouchda, si elle consistait uniquement dans la levée des contributions.

Le Snassen est, en général, un énergique travailleur, très disposé pendant sa jeunesse à émigrer dans nos villes d'Algérie pour y amasser honnêtement un petit pécule en servant de manœuvre à nos maçons ou comme

terrassier dans nos chantiers. Plus tard, avec ses écono-
mies, il retourne dans ses montagnes, se procure un fusil
et achète une cabane, s'il n'en a pas reçu en héritage.

Il achète toujours aussi une femme, c'est-à-dire qu'il
paie une dot au père de celle qu'il a choisie, et il devient
chef de famille.

Ces montagnards sont de bons musulmans, et pendant
les années qui suivirent notre arrivée en Algérie, ils ne
furent que trop disposés à participer contre nous au
djehad, à la guerre sainte recommandée par le Prophète.
Leur présence fut constatée soit dans les insurrections des
Traras, nos indigènes de la région frontière, soit même à
la suite d'agitateurs pénétrant du Maroc sur notre territoire. Ces hostilités leur valurent plus tard des représailles, en vertu du droit de poursuite que nous exercions
constamment contre ceux qui avaient franchi la frontière. En 1854, notamment, nous éprouvâmes un échec
à Arbal, dans une petite expédition qui devait châtier
les Snassen. On eut le tort d'aller les attaquer du côté
où la nature les avait le plus fortifiés.

 En 1859, pendant la guerre d'Italie, il se produisit au
Maroc un mouvement religieux dirigé contre nous. Des
marabouts prêchèrent la guerre sainte, et notre territoire
fut envahi à peu près à la fois par la plaine entre Ouchda
et Lalla-Marnia, et par les montagnes des Traras, voisins
des Beni-Snassen. Ces incursions eurent lieu au moment
même où une partie de l'armée d'Italie défilait triompha-
lement sur les boulevards de Paris. L'Algérie était alors
quelque peu démunie de troupes : les agitateurs avaient
bien choisi leur moment.

Une reconnaissance de cavalerie, partie de Lalla-Marnia dans la direction d'Ouchda, fut surprise par un gros
rassemblement de Marocains qui s'était dissimulé dans
un ravin. Nos cavaliers furent ramenés à bride abattue

à Lalla-Marnia, laissant quelques-uns des leurs sur le terrain.

Les Snassen, de leur côté, guidés par un faux prophète, pénétrèrent au milieu des Traras qui, ne voyant à Nemours qu'une faible garnison, crurent le moment de la revanche venu et se joignirent aux envahisseurs.

Heureusement un bataillon du 2ᵉ zouaves était rentré directement d'Italie à Oran ; il fut dirigé successivement sur Tlemcen, puis sur Nemours. D'autres détachements arrivèrent par mer dans cette dernière ville. Les envahisseurs et leurs auxiliaires algériens furent battus à Tiouly et les Snassen rentrèrent au plus vite chez eux.

On châtia d'abord et de suite les Traras révoltés ; on organisa après cela une expédition contre les Beni-Snassen.

Dans cette aventure, le gouvernement marocain resta invisible; l'amal d'Ouchda prétendit avoir été débordé par ses administrés ; il ne s'inquiéta pas non plus du châtiment que nous allions leur infliger.

Les troupes expéditionnaires françaises furent trop nombreuses ; elles comptaient deux divisions d'infanterie et une de cavalerie : le tout aux ordres du gouverneur général. Nous n'avions pas été aussi nombreux à la bataille d'Isly. Ces effectifs considérables furent difficiles à ravitailler et bientôt le choléra les décima. Nos troupes longèrent d'abord le pied des pentes septentrionales des Snassen jusqu'au delà du pic de Ras-Foural. Elles montèrent ensuite pour occuper un plateau central. Les Snassen étaient décimés eux-mêmes par le choléra qu'ils avaient contracté en dépouillant nos morts. Terrifiés également par le nombre de nos soldats, ils se soumirent après une résistance qui ne nous coûta que peu d'hommes. Ils payèrent, en partie immédiatement, une contribution de guerre de 150.000 francs et nous livrèrent, en garantie du restant, un certain nombre de notables comme ôtages. Cette contribution leur fut onéreuse en raison de leur pauvreté ; car, pour la payer, ils durent dépouiller leurs femmes de leurs colliers et de leurs bracelets qu'ils vinrent nous apporter. Les pièces d'argent trouées qui constituent ces bijoux rudimentaires durent être reçues pendant quelque temps comme bonne monnaie dans la province d'Oran.

On vit aussi à ce moment arriver dans notre camp deux personnages marocains, envoyés par le sultan. Une petite troupe qui les suivait s'arrêta en observation sur les bords de la Moulouïa. Le but de cette délégation fut moins de soulever des objections au sujet de notre présence sur le territoire marocain que de profiter d'elle pour exiger de nos vaincus l'arriéré des contributions dues au sultan.

La leçon fut sévère pour les montagnards; mais depuis lors ils respectèrent la frontière.

Nos troupes descendirent du massif par le versant sud et vinrent camper devant Ouchda. Cette ville, d'où étaient partis les contingents qui avaient combattu notre cavalerie et où on avait vendu ensuite publiquement les dépouilles de nos morts et les chevaux pris, dut nous payer également une contribution de guerre, bien que l'amal n'eût pas quitté sa résidence.

Le choléra avait enlevé le cinquième de nos soldats et bon nombre de nos officiers de tout grade, comme l'attesta l'ordre de dissolution du corps expéditionnaire. Cette petite guerre fut donc meurtrière pour nous.

Les fonctionnaires marocains exploitèrent habilement l'impression produite sur les indigènes par cette expédition. Nous n'étions venus, disaient-ils, que pour rétablir l'autorité du sultan de Fez dans la région, et cela sur son injonction formelle. Avec les musulmans on doit toujours s'attendre à de pareilles manœuvres.

Revenons maintenant au tracé de la frontière.

Le Kiss, avons-nous dit, n'a aucunement la valeur d'une frontière naturelle ; c'est une ligne de démarcation tracée sur le sol et qui disparaît au bout de 20 kilomètres. La frontière n'est plus ensuite marquée par aucun accident de terrain. A partir de la mer elle a suivi la direction générale N.-O. au S.-E. Cette direction, très oblique par rapport à celle de la côte, est la cause de l'insécurité du pays qu'elle traverse. Notre territoire, sur une certaine étendue, manque de profondeur ; il n'a pas d'*hinterland*, pour nous servir d'une expression consacrée aujourd'hui dans la diplomatie. Comme, de plus, le pays dans cette direction est très peu peuplé, habité sur notre territoire par une petite tribu très pauvre, ayant fort mauvaise réputation, les Achache, la police se fait difficilement chez nous ; elle est nulle au Maroc.

Les négociateurs français cherchèrent autrefois à faire passer la frontière dans une dépression, le Dra-ed-Doum, dans laquelle, si on donne quelques coups de pioche dans les endroits difficiles, on pourra toujours faire passer du canon attelé. C'était une préoccupation insuffisante.

La direction à donner à la frontière aurait dû être perpendiculaire à celle de la côte ; quelques villages des Snassen auraient passé sous notre autorité ; mais cela n'eût pas été une perte réelle pour le sultan, puisqu'alors ces gens se refusaient à reconnaître sa suprématie. Le passage par le Dra-ed-Doum nous eût été acquis néanmoins et la police aurait pu être exercée plus facilement.

Au delà des montagnes et du Dra-ed-Doum, notre frontière persiste dans la direction primitive, N.-O. à S.-E., reconnue défectueuse. Elle coupe divers cours d'eau, à sec pendant une partie de l'année, sauf la Mouilah. Celle-ci réunit les eaux de tout le plateau situé au sud du massif des Beni Snassen, et notamment celles de l'Isly, cours d'eau illustré par notre victoire de 1844.

Elle se jette ensuite dans la Tafna à l'est de notre poste de Lalla-Marnia.

En résumé, la frontière suit la direction oblique par rapport à la mer pendant environ 60 kilomètres et jusqu'au caravansérail de Sidi-Zaher ; elle part ensuite de ce point dans une direction presque à angle droit avec la précédente, c'est-à-dire de N.-E. au S.-O. jusqu'aux mines de Gar-Rouban. Ce tracé fantaisiste est la cause de presque toutes les difficultés internationales qui ont surgi entre nous et le Maroc dans le Tell. Elles ont toujours été motivées soit par l'insécurité des relations à travers cette région, soit par les querelles entre tribus algériennes d'une part et tribus marocaines de l'autre. Pendant les négociations, en 1845, les délégués marocains se sont efforcés de constituer à nos dépens une banlieue à la ville d'Ouchda qu'ils désiraient beaucoup conserver. Cependant, après notre victoire d'Isly, remportée à une dizaine de kilomètres au delà de cette ville, nous étions fondés à garder pour nous le champ de bataille et à donner à nos morts le repos en terre française. Le gouvernement français était disposée, au contraire, à toutes les concessions. La France, dit le ministre à la tribune du Parlement, est assez riche pour payer sa gloire. C'était une phrase vide de sens et surtout de sens pratique. Ouchda, avec son territoire, devait nous être cédé, et, en montrant quelque fermeté, nous l'eussions obtenu ; notre frontière eût été tracée alors rationnellement, et nos relations avec le Maroc préservées des conflits continuels que nous avons traversés depuis cette époque. D'ailleurs, en 1844-1845, Ouchda était presque sans valeur pour le sultan, dont l'*amal* ne percevait que difficilement des impôts. Depuis lors, nous avons semblé chercher constamment à relever le prestige de ce fonctionnaire, c'est-à-dire à consolider son autorité dans le pays en le faisant juge et arbitre dans tous les conflits et malgré son peu d'autorité : nous avons fait tout ce qu'il fallait ne pas faire, ainsi que nous l'expliquerons plus loin.

Pendant les années qui suivirent l'expédition de 1859, la région d'Ouchda, sous le coup de l'impression de la puissance que nous avions déployée, resta relativement paisible. Nous disons relativement parce que les méfaits isolés ne discontinuèrent jamais sur cette frontière, et ils y supprimaient à peu près le transit des marchandises qui eût pu certainement être plus actif. Les *amal* marocains semblaient aussi chercher à rebuter les commerçants français et à élever une sorte de muraille pour interdire tout contact entre les deux pays. D'autre part ils continuaient à exploiter les populations qu'ils étaient censés administrer et à provoquer leur mécontentement. Il n'est pas prouvé qu'ils n'aient pas non plus, de temps à autre, fomenté des querelles entre nos sujets et ceux du sultan. La frontière a été tracée d'une façon fantaisiste au milieu de populations reliées entre elles par des liens de consanguinité séculaire. Mais la différence des souverainetés qui les régissent aujourd'hui et la difficulté qu'on éprouve toujours dans ce cas à régler des litiges qu'on pourrait qualifier querelles de famille, ont souvent été exploitées contre nous par le représentant du svltan à Ouchda.

Ainsi, en 1897, les tribus placées sous la dépendance de ce dernier se soulevèrent contre lui à cause des impôts dont il les surchargeait ; elles l'assiégèrent dans sa résidence ; puis subitement, et en raison d'excitations dont l'auteur peut être présumé, mais n'a pas été dévoilé, ces tribus se jetèrent sur celles des nôtres qui bordent la frontière et commirent des déprédations. Elles semblaient vouloir se dédommager à nos dépens ou plutôt à ceux de nos sujets. C'était s'engager dans une voie dangereuse ; le sultan de Fez le comprit : faute de soldats, il envoya à Ouchda un chef religieux pour calmer les esprits et promettre la remise des impôts. L'insurrection reprit en 1898 et 1899 avec des vicissitudes diverses et amena l'émigration de tribus marocaines demandant un refuge sur notre territoire. On le leur accorda provisoirement.

Le sultan de Fez finit par renforcer la garnison d'Ouchda avec quelques soldats réguliers. Il établit en outre à l'embouchure du Kiss une kasba où il logea un chef militaire et une centaine de réguliers également, qu'on avait embarqués à Tanger. En somme, le pouvoir du sultan fut consolidé sur la frontière pour lui faciliter la rentrée des impôts et affirmer sa souveraineté, mais point assez pour y maintenir l'ordre et régler les relations internationales à peu près comme elles existent entre nations civilisées.

Nous reçûmes une insuffisante satisfaction, et si nous n'avons pas obtenu mieux, c'est certainement la faute de notre diplomatie qui n'a pas su placer le litige sur le terrain convenable pour arriver à une solution durable.

Nous avons parlé plus haut des mines de Gar-Rouban. Nous avons là une exploitation de plomb argentifère qui pourrait être prospère et qui l'est peu en réalité. Elle date des Romains; mais le minerai ne peut être traité sur place, faute de combustible à prendre également sur place ; il faut donc l'expédier sur la côte par charrois et ceux-ci sont fort pénibles, les chemins étant encore à l'état rudimentaire. Les frais de transport grèvent donc lourdement l'exploitation de ces mines. Comme celles-ci ne sont qu'à quelques kilomètres d'Ouchda, si cette dernière ville nous appartenait. elle serait reliée aujourd'hui à notre territoire par une bonne route, un chemin de fer peut-être, et la situation des mines y trouverait largement son profit.

Des mines de Gar-Rouban la frontière se dirige à peu près directement vers le Sud ; elle suit des crêtes jusqu'à la tête de la vallée des Beni-Snous. Celle-ci est habitée par une population berbère, actuellement très arabisée, mais ayant conservé une préférence pour habiter dans des villages. Elle s'occupe de cultiver la terre plus encore que d'élever des moutons.

La frontière arrive ensuite jusque près du marabout de Sidi-Abdallah des Beni-Hamelil. Ce point peut être considéré comme le terme de la frontière dans le Tell, et son point initial sur les hauts plateaux. Géographiquement il n'en est pas absolument ainsi ; mais à partir de là le pays prend effectivement l'aspect particulier à ces plateaux.

A partir du marabout de Sidi-Abdallah. le tracé de la frontière redevient fantaisiste. Il n'est plus indiqué sur le terrain par aucun accident géographique. Il coupe montagnes et rivières (sans eau !) et se déploie en zigzag pour aboutir à un col, le Teniet-es-Sassi. Ce col est situé dans le djebel Si-Labed, massif isolé ; il n'a aucune importance et n'a été cité dans le traité qu'à titre de jalon.

La frontière se dirige ensuite en ligne droite de façon à couper le grand chott R'arbi. Ce chott est naturellement subdivisé par une langue de terre plus élevée en deux parties dites, l'une : chott des Hamyan sur notre territoire, l'autre : chott des Mehaïa sur le territoire marocain. La ligne de partage des eaux qui s'y rassemblent n'est précisée d'aucun côté ; de faibles ondulations du terrain la constituent approximativement.

A partir du marabout de Sidi-Abdallah, la frontière ne traverse pas encore les hauts plateaux proprement dits. Elle intercepte le bassin supérieur de la rivière Za, affluent de la Moulouïa, dont la haute vallée a un niveau sensiblement égal à celui des hauts plateaux de l'Oranais. Son climat est donc analogue à celui de ces derniers. Il en est de même des conditions d'existence des tribus qui y séjournent; elles sont nomades et s'occupent de l'élève des troupeaux.

L'article 4 du traité de délimitation signé en 1845 porte ceci :

« Au delà du Teniet-es-Sassi il est inutile d'établir une limite, puisque la terre ne se laboure pas ! »

Croyant ne pas avoir à partager la terre, les négociateurs se sont partagé les tribus et ont énuméré celles qui relèveront de chaque pays.

« Les Hamyan-Djemba et les Ouled-Sidi-Cheikh-Garaba (occidentaux) dépendent du Maroc ; les Ouled-Sidi-Cheikh-Cheraga (orientaux) et les autres Hamyan dépendent de l'Algérie. »

Les populations réparties ainsi arbitrairement se sont refusées plus tard à accepter cette attribution. Tous les Hamyan habitent aujourd'hui sur notre territoire. Quant aux Ouled-Sidi-Cheikh, depuis l'insurrection de 1863, ils sont souvent errants, et si, actuellement, ils résident en majorité chez nous, il reste cependant des tentes dissidentes disséminées dans le Sahara et le Maroc.

Il est surprenant que le traité ne parle pas des Mehaïa, nomades qui circulent dans le bassin de l'oued Za, à l'ouest de notre frontière, et qui donnent leur nom à la moitié occidentale du chott R'arbi.

L'ignorance dans laquelle se trouvaient les négociateurs français en 1845, en ce qui concerne le pays et sa population, a seule pu produire un aussi singulier document diplomatique.

Dans l'article 5 du traité nous voyons adopter un troisième mode de délimitation. Il énumère les ksour qui appartiendront à l'un ou l'autre pays. On appelle ksour (ksar au singulier) les villages qui se trouvent dans les oasis.

Le plus souvent, dans une anfractuosité du terrain, dans une vallée, une ou plusieurs sources ont jailli. La terre arable est profonde autour d'elles ; des populations sont venues s'y grouper ; elles ont établi des jardins, bâti les maisons qui constituent le ksar et les ont entourées d'un mur qui fréquemment englobe la plus grande partie ou la totalité des jardins. Dans la région que nous étudions, les habitations des ksouriens sont basses, chétives et obscures. Les indigènes cherchent autant à se garantir de l'ardeur du soleil que du sable que le vent du Midi pousse sans cesse vers le ksar. Aussi, dans certains ksour, les rues, très étroites, sont-elles couvertes; on n'y pénètre et on n'y circule qu'à pied.

Quels événements ont forcé ces indigènes à accepter ces misérables conditions d'existence? Car les maladies se propagent facilement dans ce milieu propice, et les aveugles n'y manquent pas par suite de la réverbération du soleil et de la poussière. La saleté et la vermine donnent à certains petits ksour un aspect absolument dégoûtant. Evidemment les ancêtres de leurs malheureux habitants ont été chassés du Tell par les guerres, les invasions ; mais ils n'ont pas conservé, du moins dans cette région frontière, leur idiome primitif, le berbère, et encore moins leur antique religion. Les ksouriens sont aujourd'hui tous musulmans, et ils parlent exclusivement l'arabe.

Leur existence est utile, indispensable même à celle des nomades qui les environnent. Ceux-ci possèdent, en général, un nombre de chameaux suffisant, supérieur même à celui qui leur est nécessaire pour transporter, dans les migrations, les tentes, leur mobilier, si sommaire qu'il soit, les provisions de bouche, les enfants, les malades, les vieillards, etc. Mais, ainsi que nous l'avons fait remarquer, les nomades ne cultivent et ne peuvent cultiver de céréales. Les ksouriens en cultivent peu et difficilement. Les uns et les autres vont en chercher sur les marchés de la lisière du Tell en les échangeant contre de la laine et des dattes. La laine provient des troupeaux des nomades ; les dattes sont produites par les jardins des ksour. Les nomades transportent sur leurs chameaux toutes ces denrées dans le Tell, tant pour eux-mêmes que pour les ksouriens. En échange de ce service, qui n'est pas absolument gratuit, les habitants des ksour acceptent de garder en magasin, en silo, une partie des céréales apportées par les nomades. Toutes ces populations sont obligées d'acheter leurs provisions en une fois pour l'année complète. Ce serait bien encombrant de les transporter constamment en totalité à la suite de la tribu pendant toutes ses migrations. Peu de nomades s'y astreignent ; ils en confient donc, en général, une partie aux gens des ksour. Il existe, de ce fait, un lien étroit entre telle tribu nomade et tel ksar. Ce lien est souvent séculaire, et il serait dangereux pour chacune des parties de chercher à le rompre.

Du reste on s'imagine, dans l'éventualité d'une brouille, d'une guerre, ce que deviendrait le ksar, s'il était assiégé pendant longtemps par les nomades. A l'abri de leurs murs les habitants braveront d'abord les attaques; mais c'est la famine qui finira par les contraindre à céder. Du reste, sauf Figuig, les ksour ne contiennent qu'une faible population, et le nombre des gens aptes à porter les armes n'est jamais en rapport avec le développement des murs à défendre.

L'enceinte peut aussi, à la longue, être forcée par surprise.

L'infériorité des ksour dans la lutte éventuelle entre eux et les nomades est attestée par les nombreuses ruines de ksour qu'on rencontre sur les hauts plateaux et sur leur versant saharien, spécialement au voisinage de la frontière franco-marocaine. De ces ruines, les unes sont incontestablement fort anciennes ; d'autres sont très récentes, de 20 ans et moins ; l'état des jardins en friche, mais non encore stérilisés, en témoigne dans ce cas. Il est certain que le Sud dans cette région se dépeuple peu à peu par suite des guerres continuelles. Des oasis, fertiles autrefois, sont désertes et envahies peu à peu par les sables poussés par le vent du Sahara. Notre intérêt est de relever, de repeupler ces ruines, de rétablir ces jardins, de nettoyer ces sources ; on constituera ainsi des gîtes d'étape pour nos colonnes.

Ce serait cependant une erreur de croire que le ksourien est sympathique à notre domination ; les traditions et surtout la religion le rattachent aux nomades dont il épousera toujours les passions. Mais il a appris à nous craindre, et il se réfugie dans une neutralité intéressée, dès qu'il nous voit paraître. Il sait que notre canon nous ouvrira toujours l'enceinte qui l'abrite.

Il faut cependant remarquer que sur les hauts plateaux oranais les ksour ne sont représentés aujourd'hui que par des ruines. On peut citer, entre autres, Mecheria, dont nous avons fait un poste et une station du chemin de fer sud-oranais, mais qui fut longtemps désert. Ailleurs, on ne rencontre encore maintenant que quelques pans de murs en pisé. Indépendamment des guerres continuelles, la cause la plus certaine de ces ruines est le climat excessif de la région. Le palmier n'y peut croître : donc point de dattes à échanger dans le Tell ; les céréales y viennent difficilement, à moins d'être abondamment irriguées. Que cultiveraient donc les habitants des ksour ? Comment pourraient-ils se procurer ce que le sol leur refuserait ?

Les ksour ont donc été toujours rares sur les hauts plateaux ; ils sont au contraire assez nombreux sur le versant saharien de ces plateaux, et nous en expliquerons plus loin la raison.

La population nomade des hauts plateaux dans la région limitrophe de la frontière est constituée exclusivement, sur notre territoire, par la tribu des Hamyan, divisée en 15 fractions, qui ne comptent en totalité que 4.000 âmes. C'est peu dans un pays assez vaste.

Le traité de 1845 a établi le long de la frontière et pour

les tribus qui y touchent un droit des plus singuliers. C'est celui du libre parcours en deçà comme au delà de la ligne de démarcation. Or ces populations ne recherchent absolument que deux choses qui leur sont effectivement indispensables : de l'eau et des pâturages. S'en saisir, c'est pour elles la lutte pour l'existence. Les autoriser à s'en emparer n'importe où, c'est perpétuer la guerre, multiplier les conflits et même engendrer le brigandage, la razzia.

Cette clause du traité est monstrueuse ; nous n'avons pu l'admettre longtemps. Les traditions, plus sages que le traité, attribuent, en effet, à certaines tribus, l'usage exclusif de certaines sources, de certains puits, comme leur propriété; elles ont intérêt, de ce fait, à les conserver en bon état et libres de toute souillure. Nous avons dû faire respecter ces traditions au profit de nos nomades et ne pas tolérer que des étrangers les enfreignent. Nous avons défendu, par contre, à nos tribus, de se promener au delà de la frontière, et, de plus, par prudence et pour éviter des erreurs, vu l'imprécision de la délimitation, nous leur avons recommandé de s'en tenir toujours un peu écartées. Mais les nomades marocains n'observent pas cette réserve et, pis encore, ils viennent parfois pratiquer des razzias sur nos indigènes et sur notre territoire. Pris sur le fait par nos colonnes, ils sont à leur tour impitoyablement razziés par nous. Malheureusement ces revanches sont rares, et généralement les pillards retournent au plus vite vers l'ouest en emportant ou emmenant leur butin. Se plaindre de ces hostilités auprès du sultan de Fez serait provoquer un sincère étonnement chez lui. Il se déclarerait tout simplement irresponsable de ce brigandage et impuissant à le réprimer.

L'état social de ces populations est absolument étranger au droit des gens, et les procédés diplomatiques habituels sont ici hors de propos; ils ne provoqueront que la dérision et le mépris.

Le traité de 1845 a encore admis un autre droit au profit des souverains des deux parties contractantes. Chacun d'eux, ayant à réprimer dans la région frontière le brigandage ou la révolte de ses propres sujets, peut poursuivre et châtier ceux-ci, même sur le territoire voisin, s'ils s'y réfugient, mais sans exercer aucune action sur les sujets de l'autre souverain. Remarquons cependant que, quand une bande marocaine exécute une incursion, *un djich*, chez nous dans un but de pillage, elle compte presque toujours dans ses rangs des sujets algériens, que ce soient des hommes de tentes dissidentes, c'est-à-dire ayant quitté *nos tribus à* la suite d'une insurrection, ou que ce soient simplement des malfaiteurs de droit commun, ayant fui la prison ou le bagne de France. Comment, en poursuivant ces Algériens, les colonnes françaises pourraient-elles s'y prendre pour ne pas poursuivre en même temps la bande marocaine dans les rangs de laquelle ils marchent? Comment distinguer les uns des autres dans le combat où ils figurent tous côte à côte et pêle-mêle? On se demande comment les négociateurs en 1845 ont pu s'imaginer la mise en pratique de cette clause du traité.

Celui-ci serait l'origine de conflits continuels avec nos voisins si la France ne faisait généralement preuve de modération et n'admettait même des concessions dangereuses pour elle par leurs conséquences, et aussi si le Maroc, de son côté, toutes les fois que nous lui parlons haut et ferme, ne nous attribuait pas tous les droits pour châtier même les Marocains, lorsqu'ils sont coupables.

Nous exposions plus haut un exemple de cette dernière manière de faire en donnant quelques détails sur l'expédition de 1859 contre les Beni-Snassen et la ville d'Ouchda. Sous les yeux mêmes des représentants du sultan de Fez, nous avons perçu sur ses sujets de fortes contributions de guerre à titre de châtiment de leur conduite. Nous allons relater un autre exemple se rattachant à la police exercée de la même façon sur notre frontière des hauts plateaux.

A la suite de l'insurrection de 1863, qui avait entraîné la défection de la moitié des indigènes du sud de l'Algérie, dans beaucoup des tribus rentrées ensuite sous notre domination, un certain nombre de tentes restèrent dissidentes. Plusieurs vinrent à nous ensuite et peu à peu ; mais nous poursuivîmes à outrance les rebelles dans toutes les directions; ceux qui persistèrent ne trouvèrent de refuge que dans le Sahara et au Maroc. Là les dissidents furent considérés comme des victimes de leur attachement à leur religion; or cela les obligea ensuite à marcher toujours au premier rang dans le *djehad*, la guerre sainte contre nous. Ils devinrent ainsi des irréconciliables.

De 1863 à 1870, nos colonnes pénétrèrent à maintes reprises dans le Maroc pour y poursuivre dissidents et pillards marocains et à titre de représailles. Ces hostilités, bien que de plus en plus rares, n'avaient pas encore cessé dans l'hiver de 1869 à 1870.

Je citerai ici un fait dont je fus personnellement témoin. Je faisais partie d'une colonne en observation pendant cet hiver sur la limite du Tell et des hauts plateaux. Dans les premiers jours de janvier 1870, nous dûmes nous porter à l'improviste et rapidement au secours d'une fraction des Hamyan qui venait d'être surprise dans son campement et razziée, bien qu'elle stationnât à plus de 50 kilomètres en dedans de la frontière. Trop tard prévenus, nous vîmes arriver à nous un certain nombre d'hommes valides encore armés, mais dont plusieurs étaient grièvement blessés, et aussi quelques jeunes garçons.

La bande des pillards marocains avait enlevé les tentes, les troupeaux et les jeunes femmes. Les guerriers surpris se dispersèrent après une inutile résistance et ils ne durent leur salut qu'à la fuite favorisée par les broussailles et les ondulations du terrain. Après la razzia, les vieillards des deux sexes avaient été abandonnés sur place, sans abri, sans vivres, en pleine solitude, par les pillards qui ne s'en étaient nullement souciés : ils restaient voués à la mort par la faim et le froid, car les hauts plateaux étaient à ce moment couverts de neige et le froid était très vif. Nous ne pûmes donc que ramener les fugitifs encore vivants et leur procurer un abri sous des tentes prêtées par des tribus du Tell. Telle est l'atrocité de la guerre que se font les nomades dans la région frontière.

Or, de pareils faits se répétant trop souvent, nous étions tenus d'affirmer notre protection et de passer aux représailles.

Deux mois et demi après cette razzia, le général Wimpfen, commandant la province, organisait une expédition dans ce but. Il s'attendait bien à voir les coupables se dérober par une fuite prolongée dans l'intérieur du Maroc. Aussi voulait-il ne pas être arrêté par le manque de subsistances, et il ne fallait pas songer à organiser des convois de ravitaillement. La colonne principale emporta donc sous son escorte les subsistances nécessaires pour les hommes et les chevaux pendant six semaines environ. Des colonnes flanquantes, moins bien dotées, furent mises en mouvement en même temps afin d'empêcher l'ennemi de profiter de ce moment pour revenir razzier les tribus algériennes.

Le général avait composé sa colonne avec de la cavalerie dans la proportion de moitié de l'effectif. Ce fut une faute ; cette cavalerie ne put rendre les services qu'on en attendait ; elle resta groupée près du convoi et de l'infanterie, et le service d'éclaireurs fut confié à un goum irrégulier, c'est-à-dire aux contingents arabes levés dans les tribus.

Il ne faut jamais oublier, en organisant les colonnes pour le Sud, que la subsistance journalière d'un cheval pèse 4 kilos, tandis que celle d'un homme ne pèse qu'un kilo. Donc en diminuant sa cavalerie de moitié et en conservant à son infanterie son effectif, le général aurait pu rester au Maroc pendant trois mois sans être ravitaillé.

D'autre part, si, grâce à son armement perfectionné et à sa cohésion, notre infanterie est sûre de vaincre toujours l'ennemi, même supérieur en forces, il n'en est pas de même de notre cavalerie. Nos cavaliers feront bien de ne jamais attaquer d'emblée ceux de l'ennemi, si ceux-ci n'ont pas été préalablement ébranlés, décimés par le feu de notre infanterie.

C'est ainsi d'ailleurs qu'opérèrent le général Bugeaud à la bataille d'Isly et nos pères aux Pyramides.

Les Marocains voisins de notre frontière sont d'excellents cavaliers. Nous avons décrit précédemment leur armement. Aujourd'hui un certain nombre d'entre eux possèdent aussi des revolvers, et ils ont même quelques fusils à tir rapide et à longue portée, introduits en général par le commerce anglais. La fréquence des guerres a donné à ces nomades une bonne expérience de la lutte corps à corps.

Nos cavaliers n'ont pas cette habitude ; ils l'auront moins que jamais avec le service militaire de courte durée. Ils ne peuvent donc pas se jeter dans la mêlée avec la confiance en eux-mêmes, ici indispensable.

Ne les y jetons donc jamais qu'après que le feu rapide et meurtrier de l'infanterie aura fait tourner le dos aux cavaliers ; il n'y aura plus alors qu'à tailler des croupières.

Ce sont ces mêmes raisons, et aussi leur inexpérience du pays, qui font de nos cavaliers d'insuffisants éclaireurs. Nos spahis eux-mêmes sont devenus, en général, beaucoup trop réguliers. Donc à tous égards les goums, c'est-à-dire les contingents irréguliers fournis par nos tribus, serviront à peu près exclusivement à éclairer nos colonnes. Ils n'ont pas besoin d'être nombreux : il les faut surtout fidèles, solides et hardis. Un maître dans la partie, le général Yusuf, écrivait :

« Au lieu d'un goum de 1.500 à 2.000 cavaliers, troupe trop confuse qui fournira d'autant plus *d'espions à l'ennemi* qu'elle comptera plus d'hommes, un commandant doit en prendre *quelques-uns seulement dans chaque tribu,* choisir les plus influents et les plus riches ; dès lors il aura dans sa main une centaine de cavaliers qui pourront lui être utiles. » (*De la guerre en Afrique.*)

Il y avait donc un goum à la colonne Wimpfen ; il comptait 600 chevaux, de bons chevaux en général et aussi de bons cavaliers, connaissant parfaitement la région, dans laquelle d'ailleurs toute leur vie s'était écoulée. Comment ce goum, affecté spécialement au service d'éclaireurs, a-t-il pu passer, sans s'en douter ou sans le paraître, ainsi du reste que toute la colonne du général, à portée de fusil de toute une tribu marocaine, les **Medabia,** cachée (?), avec tous ses troupeaux, dans le ravin de Chabet Touila ? Ce serait inexplicable si on ne connaissait, comme nous autres, les anciens de la province d'Oran, quel chef capricieux était Si-Sliman-ben-Kaddour, qui commandait ce goum, tantôt avec nous, puis contre nous et ainsi de suite, mais toujours agissant dans son intérêt personnel.

Après 70 ans de domination de l'Algérie, nous n'avons pas l'ombre d'une organisation permanente de bons goums. Nous avons employé autrefois temporairement des goums quelque peu improvisés, et quelques-uns étaient bons; mais aujourd'hui on les a *civilisés;* ils font partie de communes mixtes et même de plein exercice, et ils sont administrés par de paisibles civils. On ne les a remplacés par rien! On espère n'avoir plus à guerroyer et on compte bien voir un jour nos voisins se ranger d'eux-mêmes sous notre domination bienfaisante. Pure chimère!

La colonne Wimpfen comprenait 17 escadrons, 600 chevaux de goum, mais 13 compagnies d'infanterie seulement (à l'effectif moyen de 100 fusils), plus 3 sections d'artillerie de montagne. Le convoi comptait 7.000 chameaux, plus bon nombre de mulets de bât. Trois généraux avec des états-majors nombreux, trop même, commandaient ces 4.000 combattants. La colonne n'était donc pas très mobile.

Elle ne rencontra d'abord de résistance nulle part. En raison de cette multitude d'hommes et surtout d'animaux que formait ce *djich* aux lourdes allures, son itinéraire se trouvait tracé par les points d'eau abondante. Les Marocains ne s'y trompèrent pas, et ils s'écartèrent vivement à droite et à gauche, se contentant d'observer la marche de la colonne. Celle-ci passa devant les ksour de Bou-Kaïs et de Kenadsa sans en molester les habitants, bien qu'ils fussent les garde-magasins des tribus à châtier. Elle arriva ainsi aux bords de l'oued Guir, rivière descendant des sommités neigeuses du Grand Atlas. Les eaux coulaient à pleins bords : on était au mois d'avril. On n'eut pas la précaution de rechercher, surtout pour la cavalerie, des gués dont l'entrée et la sortie fussent commodes. L'ennemi résista au passage et nous éprouvâmes des pertes en officiers et en soldats. Les bulletins adressés à Paris annoncèrent une victoire et un chiffre de *mille* (!) morts pour l'ennemi. C'était vraiment trop, et cette trop grosse exagération fut chose bien déplorable. En somme, l'ennemi fut refoulé au loin, mais non razzié, non châtié. La colonne descendit encore vers le Sud, jusqu'à la Daya-et-Tiour, à 450 kilomètres de Tlemcen en ligne droite. Il n'y a pas 400 kilomètres en ligne droite de Tlemcen à Fez, et quels résultats plus considérables n'eussions-nous pas obtenus en montrant nos drapeaux sous les murs de la capitale du sultan. Mais il était entendu qu'il ne pouvait être responsable du brigandage de ses sujets, et que c'était à nous à châtier ceux-ci. Que ce soit donc entendu aussi pour l'avenir, et sachons profiter de cet aveu d'impuissance du sultan, quand le moment favorable sera venu.

La diminution des vivres du convoi commandait le retour. Il s'effectuait sans incident, lorsque, sans raisons bien connues et par conséquent évidentes, le général résolut d'exiger, en passant, acte de soumission des habitants du ksar d'Aïn-Chaïr, magasin des Beni-Guil, l'une des tribus à punir. Peut-être voulut-on expérimenter les effets de notre canon rayé de montagne contre les murs en pisé d'un ksar. On mit en batterie à petite distance des murs et on les battit en brèche. Les obus les traversèrent, trop facilement ; mais, comme autrefois à Zaatcha en 1849, les trous très nets et assez petits qu'ils firent devinrent des meurtrières pour la fusillade à l'usage des assiégés. Nous faisions depuis 20 ans la guerre en Algérie, mais notre artillerie de montagne n'avait pas fait le plus petit progrès dans son emploi spécial contre les ksour. Nos canons étaient rayés ; cela n'était pas important dans cette circonstance. Les fusées des projectiles creux étaient, au contraire, les mêmes qu'en 1849. Le projectile, au lieu d'éclater en traversant le premier mur atteint, et d'en disloquer la structure, n'éclatait ensuite qu'au repos. Pour qui connaît l'étroit compartimentage d'un ksar, cette explosion ne devait faire que peu de victimes et peu de dégâts, vu le chargement des obus en poudre noire. Les indigènes ne se sou-

cièrent cependant pas de servir longtemps de cibles à
nos petits canons; ils offrirent de se soumettre à nos conditions. Elles furent plus que modestes. Nous nous con-
tentâmes de la livraison de quelques sacs d'orge et du
traditionnel cheval de *gaada*. C'était peu ; mais le commandement avait hâte d'accélérer le retour. Il se fit
sans autre incident. L'empereur et ses ministres désiraient surtout rendre disponibles les troupes spéciales
d'Afrique, zouaves, tirailleurs, chasseurs d'Afrique qui
composaient la colonne. Un mois après, elles s'embar-
quaient toutes pour la France et trouvaient sur les
champs de bataille de l'armée du Rhin des adversaires
plus dignes d'elles que les nomades marocains.

Le gouvernement de Fez n'éleva aucune réclamation
au sujet de notre expédition contre des sujets rebelles à
son autorité et lui refusant l'impôt ; peut-être fit-il
même courir, à cette occasion et à son avantage, les
mêmes bruits qu'après l'expédition de 1859.

Il serait injuste de ne pas reconnaître cependant que
la présence de l'armée française dans le Maroc, dans
une région où jamais elle n'avait encore mis les pieds,
produisit un effet moral considérable sur les indigènes
de cette région. Ils virent que les distances ne suffisaient
pas pour les protéger; aussi, sauf une petite escarmou-
che en janvier 1871, se tinrent-ils tranquilles pendant la
guerre franco-allemande. L'effet produit se prolongea
même jusqu'en 1881, moment où Bou-Amama souleva
tout le Sud contre nous.

On peut estimer que l'expédition de 1870 sur l'oued
Guir épargna à la province d'Oran une invasion marocaine pendant la guerre d'Allemagne. Cette invasion
n'aurait pu être refoulée par les quelques recrues et les
bataillons de mobiles non exercés qui gardaient alors
notre territoire. Elle eut certainement fait plus de progrès qu'en 1863, où cependant elle s'étendit presque jus-

qu'à la côte ; elle se serait propagée aussi vers l'Est et aurait donné la main à l'insurrection de la Kabylie et de la Medjana qui se préparait déjà. Sa marche rapide nous eût aliéné presque toutes les tribus ; l'Algérie eut été probablement perdue pour nous, et nous aurions renoncé en 1871 à la reconquérir.

Tant il est vrai qu'il est d'une sage politique de ne jamais laisser ouverte, sans absolue nécessité, une question qui, remise sur le tapis dans un autre moment et à notre détriment, pourrait nous susciter de graves embarras. Il serait donc sage de profiter d'un moment de calme pour régler plus judicieusement avec le sultan de Fez la question des conflits sur la frontière. Il faut aussi ne jamais oublier, avec des populations sauvages, que les remontrances et la modération passent à leurs yeux pour de la faiblesse. Il faut frapper à la fois vite et fort et on assurera ainsi la paix avec elles pour un certain temps.

Nous ne retracerons pas dans le présent chapitre la suite de nos conflits avec les nomades marocains. Cet exposé a sa place marquée dans le chapitre suivant qui traite du versant saharien. Celui-ci fut en effet le théâtre de ces nouvelles luttes.

V

LE SAHARA ALGÉRIEN LIMITROPHE DU MAROC (1)

Nous avons fait remarquer qu'en général les cours d'eau importants. qui arrosent le Tell prennent leurs sources sur les hauts plateaux, au sud des montagnes qui, à première vue, semblent limiter de ce côté le versant méditerranéen. Une observation analogue peut être faite pour les cours d'eau qui, d'autre part, descendent des hauts plateaux vers le Sahara. Les têtes d'eaux se trouvent aussi, en général, sur les hauts plateaux, où leurs bassins ne sont délimités que par de simples ondulations de terrain. Ces collecteurs des eaux supérieures traversent ensuite les montagnes qui, également à première vue, bornent au nord le versant saharien; ils reçoivent plusieurs affluents et deviennent, sur certains parcours et à certaines époques de l'année, de véritables cours d'eau; puis, plus au sud, l'eau n'apparaît plus qu'en quelques endroits, et, enfin, elle finit par se perdre dans la zone des sables qui borde le Sahara au nord.

Les montagnes dont il vient d'être question ont une direction générale N.-E. - S.-O.; elles consistent souvent en plusieurs chaînons parallèles, laissant entre eux des couloirs d'un parcours relativement facile. Cette dispo-

---

(1) Nous avons établi le croquis n° II dans le seul but d'indiquer au lecteur les directions générales des accidents du terrain, ainsi que les centres d'habitations et les points d'eau les plus importants. Nous n'avons pas la prétention de mettre une carte sous ses yeux; un figuratif peu chargé de noms et de lignes nous paraît mieux remplir le but à atteindre.

sition géographique, fréquente dans le Jura, se rencontre rarement en Algérie.

Toutes les hautes vallées de cette région montagneuse constituent le pays des *Ksour*. Grâce au climat plus doux et surtout moins excessif, la végétation s'y développe dans des conditions favorables et inconnues sur les hauts plateaux ; aussi la population s'y est-elle maintenue, en dépit de l'état de guerre continuelle dans lequel se trouve le pays.

Les montagnes, qui présentent quelques hauts sommets, sont couronnées, sinon d'arbres, tout au moins d'arbustes. Plus bas, on rencontre de bons pâturages, et, enfin, dans le fond des vallées fécondées par des sources nombreuses, le terrain est cultivé autour des ksour et la température y est assez élevée pour que le palmier puisse y croître et parfois même y prospérer.

Cependant, en hiver, le haut des montagnes les plus importantes se couvre de neige, ce qui assure le régime des eaux, et, par suite, la fertilité du sol. Les bergers, pendant les fortes chaleurs de l'été, s'élèvent sur le flanc des hauteurs avec leurs troupeaux ; ils y trouvent un air plus réconfortant et aussi pour leurs troupeaux une nourriture plus abondante, alors que toute végétation a été desséchée dans les vallées par une température torride.

Enfin, celui qui parcourt le pays n'a plus le souci de rechercher l'eau potable, qui fait si cruellement souvent défaut sur les hauts plateaux : dans la région des ksour, on la trouve de bonne qualité et en des points rapprochés les uns des autres.

Les montagnes jouent ici un double rôle ; en hiver, elles arrêtent les vents froids du Nord ; en été, à cause de la végétation qui en couvre une partie, elles conservent au sol l'humidité provenant de la fonte des neiges ainsi que des pluies, et elles rafraîchissent l'air.

Il ne faudrait point, cependant, se faire de trop belles

illusions, et se figurer qu'on se trouve dans ces régions comme transporté dans la verdoyante Helvétie. Tout est relatif, et les sensations qu'on éprouve en abordant ce pays, soit par le Nord, soit par le Sud, sont d'autant plus vives qu'on vient d'être soumis à un climat excessif et qu'on est fatigué par l'aridité du paysage. En somme, cette région se trouve favorisée, en comparaison de celles qui l'entourent, et si les indigènes pouvaient revoir une ère de paix et de tranquillité, les ruines d'habitations qu'on rencontre à chaque pas et qui sont l'œuvre de la guerre, se relèveraient et se repeupleraient rapidement. Nous ne nous y sommes définitivement établis que depuis peu d'années et déjà on peut constater le début de cette renaissance.

Le sol se prête à la culture des céréales sur des terrains assez étendus; mais c'est surtout une région pastorale.

Actuellement on n'y voit que des troupeaux de moutons, quelques chèvres et des bandes de chameaux, transporteurs indispensables aux nomades; mais on pourrait très bien réussir aussi dans l'élevage du bœuf. Il y existe une race indigène, peu nombreuse et de petite taille; toutefois, si elle n'était pas soumise aux fatigues de migrations excessives, si elle pouvait brouter paisiblement pendant toute l'année, elle gagnerait certainement en taille et aussi en rendement comme viande de boucherie. Jusqu'ici, celle-ci devait être tirée du Tell algérien, à grands frais et non sans de nombreux déchets.

Notre étude ne doit pas s'étendre à tous les ksour qui bordent tout notre extrême-sud algérien. Nous n'étudions que la frontière et nous devons nous en tenir aux ksour qui en sont le plus rapprochés : c'est du reste à ceux-ci que s'appliquent les détails que nous venons d'exposer.

L'article 5 du traité de délimitation de 1845 dit :

« Les ksour qui appartiennent au Maroc sont ceux

d'Ich et de Figuig; ceux qui appartiennent à l'Algérie sont ceux d'Aïn-Sefra, Aïn-Sfissifa, Asla, Tiout, les deux Chellala, El-Biod et Bou-Semghoun. »

A première vue, le Maroc paraît fort modeste; il se contente de deux ksour, tandis que pour nous il y a une longue liste qui présente, cependant, une omission importante : celle des deux Moghrar. Or, puisqu'il a plu d'énumérer les ksour français jusqu'à El-Biod, on aurait dû aussi, pour le Maroc, citer les ksour d'Aïn-Chair, Bou-Kais et surtout Kenadsa; mais les Marocains supposèrent, en 1845, que nous ne les connaissions pas : ce qui était peut-être vrai, et ils se gardèrent de nous donner ces noms.

Le traité ne dit pas un mot des nomades à rattacher à ces ksour, et, par suite, à l'un ou à l'autre pays. Ainsi, le tribu des Amour (ou des Eumour) fréquente nos ksour d'Aïn-Sfissifa, d'Aïn-Sefra et de Tiout; mais elle fréquente aussi les ksour marocains d'Ich et de Figuig. Pour ne pas être obligés de rattacher ces Amour peut-être à la France, les Marocains n'en firent aucune mention.

Ces nomades voulurent alors rester indépendants; ils se tinrent à l'écart de nos colonnes et finirent par faire feu sur elles. Longtemps ils refusèrent de se soumettre à nous, et, si actuellement ils s'y sont résignés, il est resté encore un chiffre notable de tentes dissidentes sur le territoire marocain, autour de Figuig ou près de Bou-Amama.

Enfin, le traité de 1845 ajoute dans son article 6 :

« Quant au pays au sud des ksour des deux gouvernements, comme il n'y a pas d'eau, qu'il est inhabitable et que c'est le désert proprement dit, la délimitation en serait inutile. »

Autant de mensonges dictés évidemment par les Marocains.

En effet, il y a de l'eau au sud de Figuig; la vallée qui
en descend vers le sud est habitée, et c'est en suivant
cette ligne d'eau qu'on arrive au Touat, contrée de
200.000 habitants sédentaires, doublée d'environ autant
de nomades. Total : 400.000 âmes; c'est-à-dire les deux
tiers de la population de notre province d'Oran. Or, les
Marocains, en 1845, connaissaient fort bien le Touat;
leurs sultans en avaient fait autrefois la conquête, puis
leurs agents en avaient été chassés et le sultan régnant
venait d'y faire une nouvelle expédition, en 1837, pour
y rétablir son autorité. Après cela, dire que tout ce pays
est inhabitable dénote une rare impudence, fréquente
cependant dans les relations entre musulmans et chrétiens; ceux-ci sont réputés ignorants en géographie des
pays de l'Islam.

Dans ces négociations, les Marocains se montrèrent, au
contraire, bons géographes. Quels sont, en effet, ces deux
ksour dont ils se réservaient la possession? Ce sont précisément les deux seuls qui se trouvent dans le bassin de
la ligne d'eau passant devant Figuig et conduisant tout
droit au Touat. C'était donc bien le chemin de cette contrée que les Marocains voulaient nous barrer.

De notre côté, ignorions-nous, en 1845, le Touat? Ou
peut-être étions-nous peu disposés à y aller un jour? Cette
dernière hypothèse est encore admissible.

En effet, dès 1825, l'anglais Gordon Laing avait visité
le Touat et l'avait fait connaître à l'Europe. Si on admet
que nos diplomates avaient lu sa relation, ils auraient
dû protester contre les mensonges des Marocains et re-
fuser de les admettre dans un document diplomatique.

La partie du Sahara algérien limitrophe de la frontière franco-marocaine constitue le cercle militaire
d'Aïn-Sefra. Elle est dominée par une chaîne de montagnes assez élevée, qui porte successivement les noms
de Mekter, de Mir-Djebel et de Beni-Smir; la direction

est celle de toutes les arêtes de cette région : celle du N.-E. au S.-O. Au nord de ces montagnes, se trouvent les ksour de Tiout, Aïn-Sefra, Aïn-Sfissifa et Ich, protégés eux-mêmes contre les vents du Nord par une autre chaîne, celle du Djebel-Hairech, du Djebel-Aissa, etc., parallèle à la précédente.

D'autre part, au sud de la grande chaîne Mekter-Beni-Smir, existe un grand couloir qui va de Figuig à Moghrar et se prolonge au delà vers l'Est. Ce couloir est bordé au sud par les hauteurs du Djebel-Karouba, du Djebel-Keridicha, du Djebel-Kerdacha et de la Chebka-Tamednia. Toutes ces chaînes ont donc des directions générales parallèles, et, pour les franchir, le plus commode est de passer par les coupures pratiquées par les cours d'eau. Le plus important collecteur d'eaux dans le cercle d'Aïn-Sefra est l'oued Namous, qui varie souvent de dénomination sur son parcours. Ce fait est presque général en Afrique. Toutefois, pour ne pas dérouter le lecteur, nous userons exclusivement du nom qui se rapporte à la partie la plus importante du parcours.

L'oued Namous sort du massif des Beni-Smir, coule d'abord du Sud-Ouest vers le Nord-Est, passe à Aïn-Sefra, puis près de Tiout où il change de direction vers le Sud, puis à Moghrar, où il prend la dénomination d'oued Namous, qu'il conserve jusqu'à l'Erg.

C'est une rivière intermittente, c'est-à-dire que l'eau disparaît souvent sous le sable. On la retrouve dans des puits creusés dans le lit de la rivière ou sur ses bords. Toutefois, à la suite des grosses pluies, elle coule à pleins bords et devient, pendant quelques heures ou quelques jours, torrentueuse, roulant des blocs de pierre, creusant ses rives et déracinant les arbres et les arbustes qui s'y trouvent.

Plus au Sud, l'eau disparaît absolument : elle est absorbée par les sables de l'Erg, dont il sera question à propos du Touat.

L'oued Namous, à cause du terme de son parcours, ne peut donc pas être suivi par les caravanes du Touat. La direction de son lit, devenue souvent peu visible dans l'Erg, jalonne le chemin écarté que ne suivent que les bandes de pillards préparant une surprise ou aussi de très légères caravanes, craignant d'être trop rudement rançonnées sur le chemin habituel.

La vallée de l'oued Namous doit avoir été bien peuplée à une époque antérieure à l'islamisme. Sur des rochers près de Tiout on voit des dessins de scènes pittoresques où figurent des hommes, des gazelles, des autruches, même des éléphants, animaux inconnus aujourd'hui en Algérie.

Comme le Coran interdit absolument la reproduction d'êtres animés par les dessins, ceux-ci témoignent donc par eux-mêmes de leur antiquité. On en voit de semblables près de Moghrar ; mais ils sont moins distincts. On rencontre aussi jusqu'à deux jours de marche au sud de ce dernier ksour des ruines de centres d'habitation qui ont dû avoir été prospères parce qu'elles sont auprès de sources abondantes. La guerre a passé par là et aujourd'hui les nomades marocains continuent même à venir faire paître leurs troupeaux auprès de ces ruines. Cette faculté, que leur donne le traité de 1845, devrait leur être retirée ; elle ne profite qu'à eux ; elle engendre des conflits, des guerres et des massacres.

Le meilleur chemin pour aller au Touat n'est donc pas aujourd'hui la vallée de l'oued Namous, mais celle de l'oued Zousfana qui passe à Figuig : ce qui contribue à rendre ce point très important.

Cette belle ligne d'eau prend naissance au lieu dit Oulakak, au sud-est du chott Tigri, en territoire marocain, mais à 20 kilomètres seulement de notre frontière.

La source y est d'un grand débit, doublé par celui d'une autre située au Sud-Ouest. On n'y rencontre pas de populations sédentaires; mais, comme la terre y est très propre pour la culture, les Marocains qui errent dans les environs, les Médabia, en profitent pour l'ensemencer principalement en orge.

L'oued devient bientôt intermittent; mais il offre sur son parcours divers points d'eau importants, tels qu'Aïn-Garnous, El-Attatich, Hadjerat-es-Senn, qui sont ainsi désignés comme lieux de campement. L'oued va ensuite, sous le nom d'oued Ardjem, contourner l'oasis de Figuig, puis il se dirige droit vers le Sud sous le nom d'oued Zousfana. Il continue à offrir de nombreux points d'eau sur son parcours, et donne aux caravanes toute facilité pour aller au Touat ou en revenir.

L'oued arrive ainsi à Igueli, ksar important, au confluent de l'oued Zousfana et de l'oued Guir. Ce dernier cours d'eau descend des sommités de l'Atlas marocain. L'eau y est plus abondante que dans l'oued Zousfana, surtout au printemps. A partir de ce confluent, l'oued Zousfana prend le nom d'oued Messaoura et conduit au Touat en s'inclinant légèrement vers l'Est.

Si ceux qui ont étudié les moyens de relier l'Algérie au Soudan ont dédaigné d'abord cette voie si commode, c'est parce qu'elle traverse les terres de parcours de tribus marocaines qui nous sont très hostiles et qui sont venues souvent razzier les nôtres jusque dans leurs campements habituels.

Nous devons faire cesser cet état de choses. Aucun document diplomatique ne nous interdit le parcours ni même la possession de cette vallée. Les Marocains ont, du reste, solennellement déclaré, en 1845, que ce pays était inhabitable et qu'une délimitation y était inutile. Qu'ils portent aujourd'hui la peine de leurs faussetés!

D'après la théorie des *hinterland*, si en faveur dans la diplomatie pour attribuer dans l'intérieur de l'Afrique les *zones d'influence* au profit des nations européennes qui se sont déjà établies sur les côtes, la vallée en question, et aussi le Touat tout entier, sont compris dans l'*hinterland* algérien ; car ces régions sont complètement à l'est du méridien passant par l'embouchure du Kiss, point de départ de notre frontière franco-marocaine sur la Méditerranée. Ce méridien passe à 4° 35' de longitude ouest de Paris.

Par respect pour le traité de 1845, nous devons ne pas nous emparer de Fîguig, ni d'Ich, car ces ksour ont été nominativement attribués au Maroc ; nous sommes donc tenus de les contourner aujourd'hui de façon à les laisser rattachés au territoire incontestablement marocain. Mais, comme ce traité de 1845 a déclaré toute la région jusqu'au Touat ce qu'en droit on appelle *res nullius*, le bien de personne, nous avons la faculté d'y tracer notre hinterland conformément aux usages en vigueur entre Européens. La frontière que nous devons énergiquement réclamer ne doit pas suivre le thalweg de l'oued Zousfana, mais suivre, au contraire, plus à l'Ouest, la crête du djebel Béchar, dont la direction N.-S. coïncide avec le méridien 4° 25' de longitude ouest et qui côtoie la vallée à revendiquer. En Afrique, jamais un cours d'eau, surtout quand il est fort souvent à sec, ne doit constituer une frontière, parce le thalewg contient habituellement des puits creusés dans son lit pour capter les eaux filtrant incessamment à travers les sables. Ces puits sont autant de pommes de discorde jetées au milieu des riverains qui sont obligés de venir y puiser. Ces lignes d'eau sont aussi les véritables routes du pays. A-t-on jamais vu en Europe une frontière constituée par l'axe d'une grande route ? Il faut donc toujours reporter les frontières sur les crêtes ; là, il n'y a nulle chance de conflits et de plus point d'erreur possible sur l'exacte délimitation.

D'ailleurs, si, comme nous le démontrerons, le Touat est dans notre zone d'influence et doit légitimement nous rester, nous devons être maîtres et responsables de la sécurité du chemin qui y conduit, d'autant plus que ce chemin est également dans cette zone d'influence.

Notre établissement dans la vallée de la Zousfana est relativement récent et a coïncidé avec notre établissement au Touat; il en était devenu le corollaire nécessaire, puisqu'il n'en avait pas été le préliminaire, bien que ce fut légitime et rationnel. Mais, plus anciennement, nous avions déjà pris pied dans la vallée de l'oued Dermel, affluent important de la Zousfana, qu'il rejoint à une journée de marche au sud de Figuig, à Nakhelet Brahimi. Il porte alors le nom d'oued Aouedj.

L'oued Dermel prend naissance au col de Founassa, dont il sera encore question bientôt, et il reçoit à droite les eaux du ksour marocain d'Ich. A cause de nombreux points d'eau sur son parcours, il a été choisi par nous comme devant jalonner le tracé de notre chemin de fer Sud-Oranais.

Avant 1881, tout ce pays n'était que parcouru rapidement tous les ans ou tous les deux ans par nos troupes parties de Géryville.

Cette patrouille s'arrêtait, en général, en vue des murailles de Figuig, pour affirmer nos droits à la possession du pays; mais cette intangibilité de Figuig, qu'elle affirmait également, produisait dans la région un très mauvais effet pour nous. Les Marocains répétaient à l'envi que Figuig était imprenable pour nous et cela redoublait l'audace des pillards qui sortaient de ses murs.

L'expédition de 1870, poussée jusqu'à l'oued Guir, la canonnade d'Aïn-Chair, imposèrent cependant un frein temporaire à ces rodomontades.

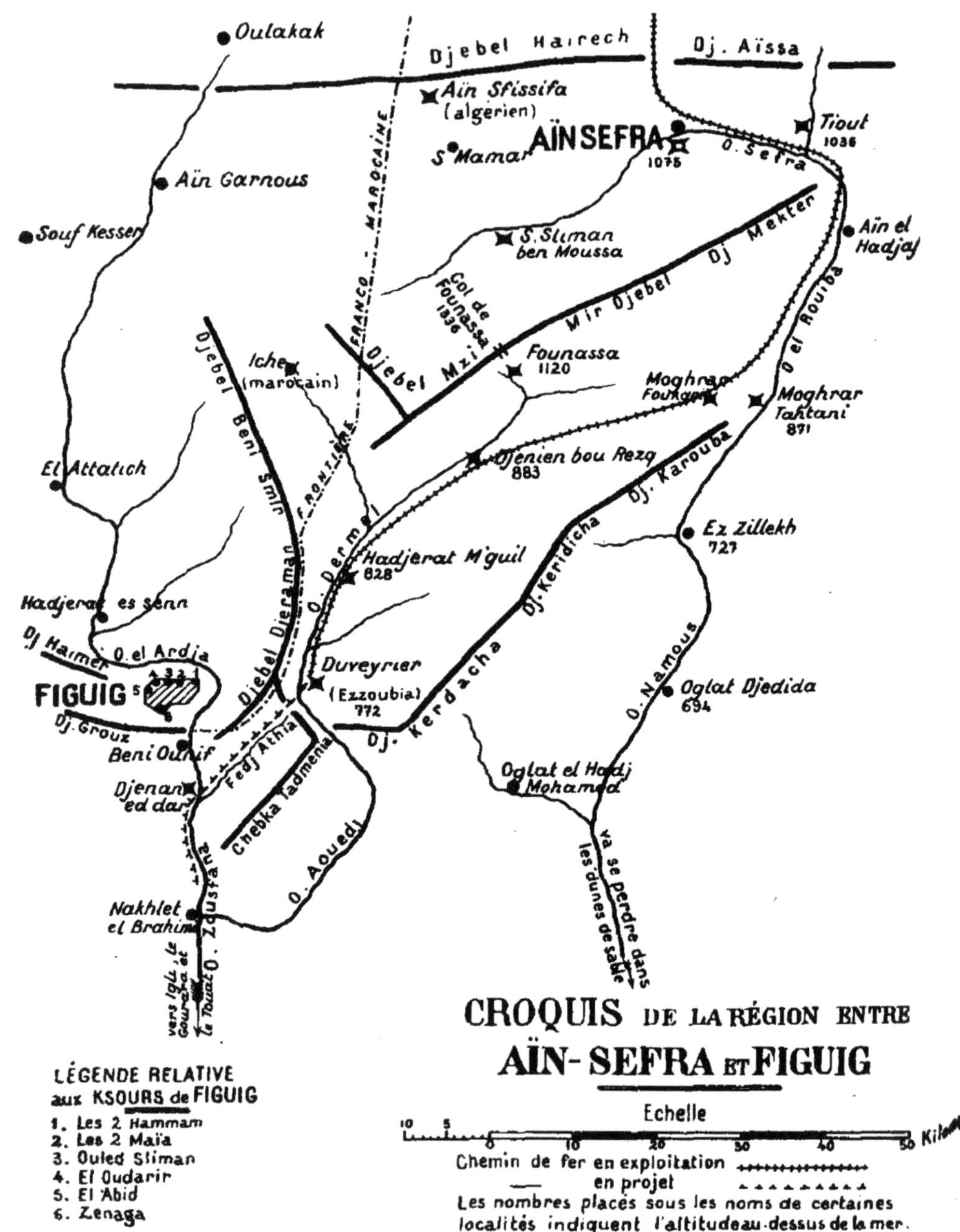

CROQUIS DE LA RÉGION ENTRE
AÏN-SEFRA ET FIGUIG

Echelle

Chemin de fer en exploitation +++++++++
en projet ----------
Les nombres placés sous les noms de certaines
localités indiquent l'altitude au-dessus de la mer.

LÉGENDE RELATIVE
aux KSOURS de FIGUIG

1. Les 2 Hammam
2. Les 2 Maïa
3. Ouled Sliman
4. El Oudarir
5. El Abid
6. Zenaga

Mais, en 1881, Bou Amama, né et élevé dans les mosquées de Figuig, se produisit comme agitateur religieux contre **nous**.

Il prêcha la guerre sainte, entraîna à sa suite un certain nombre de nos nomades algériens et porta le pillage et le massacre jusque sur la limite du Tell oranais.

Nos colonnes, intervenant trop tard, repoussèrent cette incursion jusque sous les murs de Figuig et châtièrent nos nomades révoltés. Un certain nombre de tentes de ces derniers suivirent même Bou-Amama dans sa retraite, mais Figuig continua à rester pour nous intangible.

Le gouvernement français, éclairé par ces événements déplorables, dut convenir que la sécurité de l'Ouest algérien resterait précaire, s'il ne prenait pas des mesures spéciales contre ces alertes partant de Figuig. Il décréta d'abord le prolongement du chemin de fer d'Oran à Saïda jusqu'à Méchéria, au milieu des hauts plateaux. Plus tard, il érigea à Aïn-Sefra un nouveau cercle militaire et y affecta une garnison de 1.500 hommes en moyenne. Il fit ensuite prolonger la voie ferrée de Méchéria jusqu'à Aïn-Sefra, le ravitaillement de ce poste fortement gardé devenant trop onéreux à l'aide de convois de chameaux ou de voitures.

Tous les nomades d'Algérie et même du Maroc sont soumis à de puissantes influences religieuses; il est donc bon d'avoir celles-ci à sa disposition; or, nous avons sur notre territoire la puissante famille religieuse des Ouled Sidi Cheikh. Assez maladroitement, brutalement même, nous nous étions fait des ennemis des chefs de cette famille qui erra ensuite pendant des années, prêchant toujours la guerre sainte contre nous. Notre gouvernement, plus avisé, s'efforça depuis lors d'attirer les Ouled Sidi Cheikh à nous par des bienfaits et des honneurs ; nous ne tardâmes pas à retirer d'excellents résultats de cette politique et même, à un certain moment, cette famille consentait, à l'aide uniquement de contingents irréguliers, à conquérir pour nous le Touat. En tous cas, elle agit sur nombre d'habitants notables de cette contrée, où, du reste, elle a toujours joui d'une grande considération, et, en y créant un véritable parti français, elle contribua à nous en faciliter la conquête ultérieure.

D'autre part, rester posté dans les murs d'Aïn-Sefra ne suffisait pas ; notre action devait toujours être active contre les nomades, puisque, malheureusement, nous étions résolus à respecter les ksour marocains. Pour faciliter les opérations actives on fut amené à créer successivement plusieurs postes de ravitaillement sur la ligne Aïn-Sefra - Figuig. Les magasins qu'on y plaçait, devaient permettre aux colonnes mobiles de rester beaucoup plus longtemps au dehors sans emmener, cependant, un convoi nombreux dont la défense aurait absorbé une trop forte partie de la colonne.

Il s'agissait seulement de maintenir ces magasins toujours bien garnis.

Quelques personnes ont cru voir dans cette disposition la constitution d'une ligne de forts d'arrêt, analogue à la barrière fortifiée, plus ou moins efficace, que nous avons établie sur nos frontières de la Lorraine.

Ce serait une grave erreur de croire qu'avec une chaîne de postes on peut arrêter les Arabes. Le maréchal Bugeaud, dont l'autorité en cette matière n'a pas encore été dépassée, ni même mise en défaut, a formellement condamné les lignes de postes.

Les postes à créer doivent être simplement des magasins, mis à l'abri de l'escalade, de façon à pouvoir être gardés par de très faibles garnisons, auxquelles on ne doit jamais confier un rôle actif extérieur. La guerre doit être menée exclusivement avec des colonnes mobiles, les Arabes étant eux-mêmes excessivement mobiles.

On commença par établir le poste de Si-Sliman-ben-Moussa, petit bordj à 25 kilomètres sud d'Aïn-Sefra.

On continua par Founassa, plus important, à 22 kilomètres du précédent, et ayant une source de grand débit. Pour y arriver, il faut franchir le Mir-Djebel par un col de 1.336 mètres d'altitude. Si, plus tard, on devait établir un chemin de fer jusqu'à Figuig, ce n'était donc pas par le col de Founassa qu'on pouvait le tracer. Provisoirement, on se contenta d'une piste pour les convois. A Founassa, nous mettions effectivement pied dans le bassin de Figuig et sur la route du Touat.

On commença ensuite à construire un bordj à Djenien-bou-Resg, à 16 kilomètres du précédent. L'eau y est abondante et de bonne qualité. On pouvait donc créer dans cet endroit un poste de premier ordre. C'était en 1885. Subitement le gouvernement marocain, excité probablement par quelque puissance européenne, sortit de son indifférence. Bien qu'impuissant à faire la police de cette région, il parla de frontière et même de limites naturelles. Nous lui opposâmes d'abord son impuissance et ensuite le texte du traité de 1845; les Marocains avaient alors déclaré que toute délimitation était inutile dans ce pays. Il ne peut donc y avoir de violation de frontière dans ce cas. De part et d'autre, on négocia, et notre gouvernement fit preuve d'une modération excessive en suspendant provisoirement les constructions entreprises. Une commission d'enquête se rendit même sur les lieux. La prétention du Maroc était absolument inadmissible : on convint donc de reprendre les constructions; mais les Marocains, habiles à faire traîner les affaires en longueur, déclarèrent qu'ils voulaient signifier eux-mêmes à leurs tribus l'accord conclu avec la France. Ils procédèrent à cette notification avec une telle lenteur que le bordj de Djenien ne put être terminé qu'en 1888.

Nous nous arrêtâmes ensuite pendant quelques années ; toutefois, notre gouvernement fit décréter le prolongement du chemin de fer d'Aïn-Sefra jusqu'à Djenien. Or, le passage de la voie par le col de Founassa, devait exiger des travaux d'art considérables : on tourna les difficultés. La voie fut tracée de façon à descendre par l'oued Namous jusqu'à Moghar ; puis elle changeait de direction vers l'Ouest et se prolongeait dans le couloir que nous avons signalé au sud de Mir-Djebel ; elle venait aboutir à Djenien par la vallée de l'oued Dermel.

Notre installation à Djenien bien consolidée, nous avançâmes à 16 kilomètres plus au sud jusqu'au point dit Hadjerat-M'guil, appelé aussi par nos soldats camp du général Colonieu. C'est un point d'eau très important ; on y trouve un grand réservoir naturel dans le lit de la rivière. Il est constitué par une couche épaisse de grès, plongeant de plusieurs degrés dans le sol en sens inverse de la pente du thalweg ; l'action des eaux a ouvert quelques brèches dans l'arête supérieure ; mais, si on les bouchait et si on élevait quelque peu ce barrage, on constituerait une réserve d'eau précieuse pour irriguer les bonnes terres des environs.

D'Hadjerat-M'guil, on se porta à Ez-Zoubia, où on créa un poste très important, devenu actuellement le terminus provisoire du chemin de fer du sud-oranais. Ce nom de Ez-Zoubia (qui veut dire l'ordure), a été fort heureusement remplacé par celui de Duveyrier, l'intrépide explorateur français qui a si largement contribué à notre expansion dans le Sahara algérien.

Le choix du point de Duveyrier est bon ; les ressources en eau y sont aussi abondantes qu'à Hadjerat-M'guil. Il est, en outre, seulement à 14 kilomètres en ligne droite à l'est de Figuig, dont il est séparé par une arête de terrain ; toutefois, le projet du chemin de fer lui fait contourner l'obstacle par le sud en suivant la vallée du Fedj-Athia jusqu'à son confluent dans l'oued Zousfana. La voie passera à Djenan ed Dar, qui, actuellement, est le quartier de l'officier supérieur commandant la vallée de la Zousfana ainsi que notre ligne de communication avec le Touat.

L'oasis de Figuig est, de ce fait, lui-même contourné et nous pourrions éventuellement lui couper toute relation avec le Touat et le Sahara.

La prospérité commerciale de ce grand marché est tombée entre nos mains parce que son importance réside dans ce fait que toutes les caravanes du Touat et même de Tombouctou, destinées à l'Ouest algérien et au Maroc septentrional y passent et souvent même qu'elles s'y réunissent ou s'y disloquent.

VI

L'OASIS DE FIGUIG ET LES NOMADES QUI L'ENTOURENT

Dans tout ce qui précède, il a été fréquemment question des oasis de Figuig et d'Ich, les deux seules que se soit réservées le Maroc, en 1845.

Ich n'est qu'un pauvre village de 200 âmes environ, caché au milieu des contreforts du massif des Beni-Smir. Il n'a aucune importance à quelque point de vue qu'on le considère ; il n'est sur le parcours d'aucune voie commerciale. Le Maroc ne l'a réclamé comme sien que parce qu'il est dans le bassin de la ligne d'eau conduisant au Touat ; à ce titre, il fallait qu'à tout prix la France en fut écartée.

A Figuig on se trouve, au contraire, en présence d'une agglomération de villages d'une importance exceptionnelle dans la région, et d'une population sédentaire au sujet de laquelle les évaluations varient de 15.000 à 20.000 âmes, répartie en huit ksour. L'ensemble de ceux-ci est entouré d'un mur renforcé par des tours de distance en distance. Cette enceinte, dont le développement mesure une vingtaine de kilomètres, comprend, outre les villages, de fertiles jardins comptant deux cent à trois cent mille palmiers et qui sont arrosés par de nombreuses sources jaillissant dans l'enceinte des murs. Leurs eaux sont, en général, de bonne qualité ; quelques-unes passent pour être thermales. Toutefois, d'après quelques renseignements, plusieurs de ces sources ne fourniraient à la fin de l'été que de l'eau fortement minéralisée, et, par suite, peu potable. Ce fait ne serait pas général et certainement la population si remarquablement agglomérée de Figuig indique bien que ce point offre toutes les conditions favorables à l'existence. Or, la qualité de l'eau est, de toutes ces conditions, l'une des plus importantes assurément.

Les jardins de Figuig ne contiennent pas que des palmiers ; on y trouve aussi des figuiers et d'autres arbres fruitiers. On y cultive les légumes habituels dans cette région, tels que les oignons, les navets, les piments, etc. Tout le travail s'y fait à la pioche.

Les grains consommés par la population de l'oasis proviennent en grande partie du Tell algérien, mais aussi du Maroc ; ils sont apportés par les caravanes qui exportent, dans ces dernières régions, les laines, les dattes du Sud ainsi que les marchandises provenant du Soudan.

Comme il a été dit précédemment, les caravanes venant du Touat et même du Soudan, avec des chargements pour l'ouest algérien et le Maroc septentrional, passent toutes à Figuig et souvent elles s'y disloquent pour le retour. Leurs marchandises sont alors reprises par d'autres caravanes qui les portent à destination, et qui font les échanges.

C'est donc une place commerciale très fréquentée, que Figuig. Grâce à sa nombreuse population, il a pu se défendre de tout temps contre les injustes revendications des nomades et sans recourir au souverain de Fez, toujours impuissant. Il a longtemps conservé une certaine indépendance et il reste la clef de la suprématie dans la région.

L'ensemble de l'oasis est entouré d'un vaste demi-cercle de montagnes plus ou moins élevées, ouvert seulement vers le Nord-Est. Ce sont ces montagnes qui alimentent les nombreuses et belles sources de l'oasis. Celle-ci est contournée par l'oued Ardjem, dont le lit s'éloigne des murailles d'une distance variable, s'étendant au Nord jusqu'à dix kilomètres. Cette rivière s'échappe vers le Sud, en prenant le nom d'oued Zousfana.

L'inclinaison générale de l'aire des jardins est dirigée vers le Sud.

Les *ksour* ou villages, sauf Zenaga, sont tous disposés suivant une ligne presque droite faisant face au Nord. Chaque village possède en propre une ou plusieurs sources; dans chacun d'eux, l'une d'elles jaillit le plus souvent près de la mosquée. L'inclinaison générale du sol facilite l'arrosage des jardins qui, sauf toujours pour Zenaga, sont tous situés en contre-bas vers le Sud.

Les villages, au nombre de huit, sont, à partir de l'angle Nord-Est de l'enceinte et en allant vers l'Ouest : Hamman foukani (supérieur), Hamman tahtani (inférieur), El-Maïz foukani (supérieur), El-Maïz tahtani (inférieur), Ouled Sliman, Oudarir et El-Abid.

Formant un saillant au sud-ouest de l'enceinte, Zenaga, quoique très isolé, possède, à cause du chiffre de ses habitants, une importance à peu près égale à celle des sept autres villages réunis. Entre Zenaga, d'une part, et Oudarir, de l'autre, il existe un ressaut rocheux coupant la palmeraie. Le chemin reliant ces deux villages passe dans une échancrure de ce rocher; ce passage est gardé par les gens de Zénaga, qui occupent le petit bordj (fort) d'El-Oubbad.

Zénaga n'a pas de source lui appartenant en propre; ses jardins sont arrosés par une source dont l'usage est revendiqué aussi par les gens d'El-Abid et d'Oudarir. Ces derniers s'opposèrent même, à main armée, il y a une vingtaine d'années, aux prétentions de Zenaga. Ce ksar finit cependant par accaparer exclusivement les eaux de la source Aïn-Zaddert, objet du conflit. En vain, les gens d'Oudarir en appelèrent à l'arbitrage du sultan de Fez; celui-ci ne se souciait pas de l'imposer à Zenaga.

Les gens de ce village n'avaient rien négligé pour arriver à leurs fins; ils avaient creusé des galeries souterraines et fait sauter des mines : ce qui justifie la réputation des Figuiguiens comme mineurs; ils furent du reste employés en cette qualité, autrefois, par Abd-el-Kader, assiégeant Aïn-Mahdi.

Toujours prêts à s'unir pour combattre les chrétiens, les Figuiguiens sont cependant divisés en permanence en deux partis ou *soff*, à la tête desquels sont respectivement Oudarir et Zenaga. Dans le premier figurent Hammam-Foukani et El-Maïz-Foukani; les autres villages sont pour Zenaga, ou bien ils gardent la neutralité que leur impose la faiblesse de leur population.

On observe ici ce qui existait autrefois dans notre grande Kabylie avant sa conquête en 1857. Lorsqu'une région est divisée en deux grands partis, les villages qui font partie de l'un sont enchassés au milieu des villages de l'autre parti comme les cases noires au milieu des cases blanches sur un échiquier. Cette disposition, en apparence bizarre pour nous Français, habitués à une centralisation qui menace parfois la liberté, est, en réalité, fort sage dans une fédération comme l'était la grande Kabylie et comme l'est encore Figuig; car les forces des deux partis s'équilibrent ainsi beaucoup mieux et se neutralisent même. Cependant, l'issue du conflit entre Oudarir et Zenaga a démontré que ce dernier village très populeux a rompu actuellement quelque peu l'équilibre à son profit. Serait-il possible d'utiliser pour notre bénéfice ce ferment de discorde dans l'intérieur de l'oasis? Nous sommes encore trop peu renseignés pour pouvoir en juger actuellement.

D'après certaines informations, les villages de Figuig pourraient mettre sur pied 3.775 fusils. C'est par le nombre de fusils qu'on apprécie la puissance de chaque village. Ces fusils sont répartis ainsi qu'il suit :

Hamman foukani	300
Hamman tahtani.	150
Les deux Maïz réunis.	500
Ouled Sliman	200
Oudarir.	500
El-Abid.	125
Zenaga.	2.000
Total.	3.775

Les deux villages El-Maïz (foukani et tahtani), sont
absolument contigus, bien qu'ils appartiennent à deux
partis différents, ainsi qu'il a été dit.

Une porte sépare les deux villages; à la suite de la
moindre querelle elle est fermée et barricadée, et alors
la guerre de rues et de maisons commence.

Les choses se passaient ainsi, autrefois, dans la grande
Kabylie. Les Figuiguiens sont évidemment des Kabyles,
des Berbères, mais actuellement très arabisés.

Il existe parmi eux quelques autres éléments de population.

En premier lieu, ce sont les nègres et les mulâtres,
esclaves et descendants d'esclaves. Ces derniers vivent
plutôt dans les oasis à l'extérieur de Figuig, où ils cultivent des jardins au compte de leurs maîtres résidant
dans l'oasis; ce sont des fermiers plutôt que des esclaves.

Les nègres, dans l'intérieur de Figuig, sont généralement esclaves; ils cultivent les jardins dans l'enceinte de
l'oasis, et servent de domestiques dans les maisons.

Comme deuxième élément de population, il faut citer
les juifs, la plupart nés dans l'oasis et résignés à y vivre. Comme dans tout le Maroc, ils sont relégués dans
des quartiers séparés, les *ghettos* du Moyen-Age, et soumis souvent à des humiliations. Ils n'ont aucune in-

fluence sur les affaires publiques, du moins d'après ce qu'on peut en savoir. Peut-être, dans un moment de crise, pourrait-on, à prix d'argent et par l'intermédiaire de leurs coreligionnaires d'Algérie, obtenir d'eux quelque concours pour notre intérêt?

Un troisième élément de population consiste dans les déserteurs de nos troupes et les dissidents de nos tribus algériennes. L'existence est fort pénible à Figuig pour nos déserteurs français ou de la légion étrangère; ils doivent de suite embrasser la religion musulmane, et, même après avoir apostasié, ils sont l'objet de la méfiance générale; en cas de guerre, ils seraient très surveillés et mis à mort sous le moindre prétexte. Aussi cette catégorie n'est-elle pas nombreuse.

Les déserteurs de nos troupes indigènes d'Algérie sont également mal vus : ils ont vécu avec les chrétiens, négligé les pratiques musulmanes, mangé des mets impurs, bu des boissons défendues. Ce ne sera que par une piété très démonstrative qu'ils feront oublier leur passé. Récemment les journaux annonçaient qu'un spahi, depuis quelque temps déserteur à Figuig, avait été reconduit sous bonne escorte et remis à nos troupes. Jamais il n'eût été livré s'il se fût montré bon musulman et surtout honnête homme. Mais cet individu s'était rendu coupable de brigandage non seulement envers les Français isolés, mais encore envers les habitants du pays. C'était un bandit dont les Figuiguiens furent charmés de se débarrasser.

Quant aux dissidents de nos tribus algériennes, ils sont nombreux à Figuig, et surtout dans les campements groupés en dehors de l'enceinte. On les considère comme des martyrs de la foi musulmane; on les soutient, mais en cas de guerre ils devront marcher au premier rang contre nous.

En dehors de l'enceinte de l'oasis, il y a constamment

des douars de nomades campés sous la tente. Un certain nombre ne sont que de passage, mais ils appartiennent le plus souvent à des caravanes. On estime à 6.000 personnes de tout âge, des deux sexes, le nombre des indigènes habitant ainsi sous la tente, mais attachés en permanence à l'oasis. Ils vont chercher dans les environs l'alfa, le bois, le charbon, le goudron, et vendent ces denrées à la population sédentaire. En cas de guerre, ils se réfugieraient dans l'intérieur de l'enceinte et en augmenteraient le nombre des défenseurs de 800 à 1.000 fusils.

Il existe autour de Figuig, à des distances variables de l'enceinte, un certain nombre de caravansérails, de mosquées ou de *goubbas*, monuments religieux de forme cubique, surmontés d'une coupole et soigneusement blanchis à la chaux aux frais des gens dévots; ce sont ce que nos soldats appellent des marabouts. Les Figuiguiens n'aiment pas à introduire les étrangers dans l'enceinte, et surtout dans leurs villages, et, s'il y a un pèlerinage, ils préfèrent qu'il s'accomplisse hors de leurs murs; de là la situation des mosquées et goubbas en dehors de l'oasis.

Enfin, un chapelet de petites oasis se prolonge dans le Sud, le long des rives de l'oued Zousfana. Elles sont habitées et cultivées par des mulâtres, fermiers ou serviteurs des Figuiguiens, et spécialement de Zenaga et d'Oudarir; tels les oasis de Tarla, des Beni-Ounif, etc. Ces mulâtres rentreraient aussi dans l'enceinte en cas de guerre et en renforceraient la défense.

Les maisons des villages de Figuig sont construites en solide pisé ; quelques-unes le sont en pierre. Elles sont couvertes de terrasses et un assez grand nombre ont un étage. A Zenaga, il y a même une grande place entourée d'arcades sous lesquelles on trouve des boutiques abondamment munies. Les rues sont en général plus larges que celles de nos ksour algériens, qui ne sont que d'abominables taudis.

Les Figuiguiens ne sont pas pour nous des étrangers. Ils font partie d'une race laborieuse, et beaucoup de leurs jeunes gens viennent dans la province d'Oran, et spécialement à Tlemcen, pour y exercer la profession de maçon ou entrer dans nos ateliers de terrassement. Comme les Beni-Snassen, ils amassent un petit pécule; ils reviennent plus tard dans leurs ksour et y tiennent une place honorable comme pères de famille et comme citoyens actifs.

Figuig possède un certain nombre d'industries. Autrefois on y fabriquait des armes à feu et de la poudre : depuis des années le commerce anglais alimente le Maroc de tous ces objets et à bien meilleur marché. En ce moment il y a certainement dans l'oasis une quantité notable d'armes à tir rapide, et même à répétition. En dehors des armes importées d'Angleterre, il y a nos armes, ramassées dans les combats ou prises à nos déserteurs et à nos isolés, qui ont été ensuite massacrés.

L'industrie particulière à Figuig consiste dans la fabrication de burnous, de haïcks, de tissus verts plus fins servant à recouvrir les palanquins des nomades, et enfin d'ouvrages en cuir, ornés de broderies en soie, rivalisant avec ceux du Tafilalet, avec lesquels on les confond généralement.

Les Figuiguiens sont très religieux et très pratiquants. Chacun de leurs ksour possède au moins une et souvent plusieurs mosquées dont les minarets émergent des palmeraies qui les entourent. Il y a aussi des *zaouïa* à Zenaga, à Oudarir, aux ouled Sliman et à El-Maïz. Ce sont des établissements pieux, tenus par des personnes appartenant généralement aux ordres religieux de l'Islam. Il s'y trouve à la fois un noviciat pour le recrutement de l'ordre, et une école suivie par les enfants auxquels on apprend la lecture, l'écriture et le Koran.

Des fondations pieuses pourvoient à l'entretien de ces établissements, où on héberge aussi les pauvres et les pèlerins. Les adeptes de l'ordre, dans leurs tournées, y trouvent également une maison de repos ; ils en profitent pour prêcher, dans les mosquées voisines, le plus souvent la guerre contre nous. Le plus tenace de nos ennemis actuels, Bou Amama, est né à Hamman foukani ; il a reçu l'instruction religieuse à la zaouia d'El-Maïz, réputée entre toutes pour l'enseignement qu'on y donne.

En somme, Figuig est un foyer de fanatisme religieux dont il serait imprudent de méconnaître l'importance.

Les villages de l'oasis forment une république fédérative avec une constitution démocratique, mais l'influence religieuse y joue aussi un grand rôle. Chaque ksar ou village a sa *djemaa,* sorte de conseil municipal remplissant à la fois l'office de conseil exécutif, de conseil d'administration et même de tribunal civil et criminel.

Un lien fédératif réunit tous les ksour ou villages, déjà englobés dans une enceinte commune. Ce lien est quelquefois relâché par les discordes civiles, mais celles-ci vont rarement jusqu'à la violence armée. Bientôt les marabouts, c'est-à-dire les religieux des zaouïa, interviennent et prêchent la paix ; ils détournent, au besoin, contre nous l'activité guerrière mise en émoi. La nécessité d'une entente pour conserver l'indépendance de l'oasis finit toujours par éclater aux yeux des plus turbulents.

Le plus souvent donc, l'antagonisme des partis ne se manifeste que par des intrigues et des luttes d'influences.

Cette république n'a jamais admis la suprématie des sultans de Fez que par intermittences. En 1845, époque où l'oasis fut déclarée marocaine par le traité déjà souvent rappelé, cette suprématie était absolument nominale. Le tribut qui en était le témoignage était refusé au sultan. Nous eûmes plus tard le tort de prendre ce traité trop à la lettre et de nous borner à nous plaindre au sultan de toutes les hostilités commises sur notre territoire par des bandes de pillards parties de Figuig. La cour de Fez exploita très habilement notre conduite; elle se présenta aux gens de Figuig comme les ayant sauvés d'un désastre, en représailles des brigandages commis par eux. Elle avait, disait-elle, arrêté notre colère.

Tout cela aboutit à la nomination à Figuig d'un personnage (amal ou caïd) représentant le sultan et chargé surtout de percevoir le tribut en échange de la haute protection du souverain et aussi de l'impunité à notre égard.

Longtemps nous persistâmes dans ces lamentables procédés, et le sultan, bien que percevant le tribut de Figuig, se prétendait toujours impuissant à y exercer son autorité.

La France parut ne pas oser élever la voix de peur que d'autres puissances européennes ne vissent dans notre fermeté, bien légitime cependant, le désir de faire des conquêtes aux dépens du sultan.

Récemment cependant, à la suite de l'envoi d'une ambassade marocaine à Paris, nous avons conclu avec le Maroc un arrangement diplomatique que notre gouvernement compte devoir être plus efficace que les précédents. Cet arrangement n'ayant pas été publié *in extenso*, du moins à notre connaissance, nous ne pouvons en parler que d'après ses conséquences réalisées.

La souveraineté du Maroc à Figuig aurait été reconnue une fois de plus. Il y aura des commissaires français résidant à Lalla-Marnia et à Aïn-Sefra. On espère pouvoir ainsi régler sur place toutes les difficultés à survenir. C'est une illusion. Les commissaires marocains, qu'on en soit bien certain, se prétendront toujours munis de pouvoirs insuffisants, soit par suite d'un mot d'ordre donné, soit comme conséquence du défaut d'initiative bien naturel chez les agents d'un gouvernement despotique. Que pourront faire dès lors les commissaires français ? Isolés à Ouchda et à Figuig, au milieu d'une population fanatique, dominée souvent par des influences religieuses et en présence de l'inertie certaine des agents du sultan ? Recevront-ils eux aussi tous les pouvoirs nécessaires pour décider ? Mais une telle autorité est refusée encore aujourd'hui au général de division à Oran; le gouverneur général télégraphie au Ministre pour trancher la moindre question. Ici ce seront des questions internationales ! On voit déjà surgir de cette éventualité le conseil des ministres, le Président de la République et même le Parlement. Non ! il y aura deux fonctionnaires de plus, deux rouages de plus dans le mécanisme des affaires, mais tout restera sur l'ancien pied.

Toutefois, comme corollaire de cet arrangement, le gouvernement marocain a réclamé de notre bienveillance un acte dont nous aurions pu et dû nous abstenir. Il nomma un gouverneur à Figuig et résolut de le faire soutenir par une garnison de soldats soi-disant réguliers marocains. Ces soldats furent rassemblés à Ouchda, puis amenés et hébergés à Tlemcen, c'est-à-dire sur notre territoire et enfin transportés sur notre chemin de fer jusqu'à Aïn-Sefra, et c'est sous notre égide qu'ils firent leur entrée à Figuig. Le sultan, en réclamant notre concours si irrégulier, reconnaissait lui-même qu'il était impuissant à faire marcher une petite troupe sur son propre territoire directement soit de Fez, soit d'Ouchda, jusqu'à Figuig : il lui paraissait plus prudent d'emprunter notre territoire et nos voies ferrées. D'autre part, notre excessive condescendance a été représentée certaine-

ment aux populations barbares et ignorantes, faciles
à tromper, comme un témoignage de vassalité de la
France envers le puissant suzerain de Fez.

Enfin les gens de Figuig, qui ont été habitués de longue
date à n'éprouver aucun désagrément de la part du sultan lorsqu'ils commettent des hostilités contre nous, ne
verront dans la présence des réguliers marocains au
milieu d'eux qu'une garantie contre toute attaque des
Français, et cela doublera leur audace.

D'ailleurs, qu'est-ce que fut cette troupe de soldats
réguliers introduite dans l'oasis? Une bande de dégue-
nillés de tout âge. Nos Algériens les ont vus passer ; ils
ont aperçu nombre d'enfants et de vieillards, tous à l'aspect minable. Les troupes régulières marocaines ne se
recrutent que dans quelques tribus voisines des trois
capitales ou des côtes et absolument soumises au sultan.
Les agents de ce dernier désignent arbitrairement les
recrues dont le service durera toute la vie. De plus, les
troupes ne recevant que rarement leur solde complète,
on conçoit qu'on ne peut destiner à une existence aussi
misérable que des miséreux, des vagabonds, dont l'autorité cherche à se débarrasser. De leur côté, les soldats
marocains désertent dès qu'une existence plus convenable se présente pour eux. Aussi est-il permis de penser
qu'actuellement la garnison régulière envoyée à Figuig
doit se trouver très réduite.

Et puis, que pourra faire cette petite troupe, dégue-
nillée, mal équipée, mal armée, contre les 5 ou 6.000
hommes valides et assez bien armés qui, dans un moment
critique, surgiraient de tous les villages de Figuig et de
ses environs pour s'opposer à une exigence du sultan à
laquelle ils ne croiraient pas devoir se soumettre ?

Le gouverneur marocain résident à Figuig n'aura donc
pas plus d'autorité que ses prédécesseurs.

Nous n'avons pas parlé jusqu'ici des tribus marocaines

nomades circulant le long de notre frontière dans la région saharienne.

Sur les hauts plateaux, nous avions en présence sur notre territoire les Hamyan, et sur celui du Maroc les Mehaia. Au sud des Mehaia et à hauteur d'Aïn-Sefra on rencontre au Maroc la tribu des Beni Guil; au sud de celle-ci et à hauteur de Figuig, ce sont les Ouled-Djerir, et enfin, plus au sud encore et jusqu'à Igli, ce sont les Douï-Menia. Les nomades marocains qui longent notre ligne de communication avec le Touat par la vallée de la Zousfana sont donc les Ouled-Djerir et les Douï-Menia. Ce sont nos ennemis implacables de longue date. Leurs terrains de parcours se sont étendus jusqu'à ce jour entre la vallée de la Zousfana à l'Est, et celle de l'oued Guir à l'Ouest, et même un peu au delà. Entre ces deux vallées se dresse une chaîne de montagnes, le Djebel Bechar, qui, comme nous l'avons signalé, pourra devenir un jour notre frontière rationnelle.

D'après l'arrangement conclu récemment avec le Maroc, les deux tribus marocaines en question doivent ou abandonner la vallée de la Zousfana, ou bien ceux qui voudront continuer à y planter leurs tentes et à y faire paître leurs troupeaux, auront à se soumettre à notre autorité. Cette dernière alternative est fort dure, inacceptable pour nos ennemis. Cependant, renoncer aux pâturages de cette vallée, où ils abondent, quitter ce pays qu'ils nous avaient disputé les armes à la main quand nous établîmes notre communication avec le Touat n'est pas une alternative moins pénible, moins douloureuse. Ces nomades ne seront pas cependant privés pour cela des pâturages nécessaires à leurs troupeaux ; la vallée de l'oued Guir, à l'Ouest, leur restera, et cela sera bien suffisant pour leurs besoins.

En concluant cet accord avec nous, le Maroc ne nous a fait aucun don ; ces tribus nomades à refouler vers l'Ouest se sont toujours déclarées indépendantes de Fez ou à peu près. D'autre part, puisque le Touat est une partie incontestable de notre hinterland algérien, nous avons le droit de réclamer le chemin le plus direct qui y conduit : il traverse un pays qui n'a jamais été réellement marocain, si ce n'est sur certaines cartes européennes ; de plus, la vallée de la Zousfana est en entier à l'est du méridien passant à l'embouchure du Kiss, point de départ de notre frontière sur la Méditerrannée. Ce méridien doit être la directrice de notre délimitation rationnelle et incontestable dans l'intérieur du pays, mais sous réserve de ne pas porter atteinte aux dérogations consenties antérieurement par un traité.

Quelques personnes à l'imagination fertile, mais bien peu au courant des idées et des mœurs des nomades africains, ont pensé un instant qu'on parviendrait à cantonner paisiblement les Ouled Djerir et les Douï Menia dans la vallée de la Zousfana et qu'on leur confierait la garde de nos communications avec le Touat. Quelle utopie ! C'est vouloir transformer les brigands en gendarmes. Pour y arriver il faudrait offrir aux brigands une situation plus lucrative et plus agréable que celle qu'ils abandonneraient. Cela est impossible à réaliser.

Il nous appartient donc de conserver encore longtemps une ligne de postes militaires dans cette vallée si disputée ; il faudra la coloniser peu à peu, la peupler; quand nous y serons parvenus, nous pourrons diminuer, puis retirer peut-être nos postes. Mais pour cette œuvre les colons européens sont absolument impropres : il faudra s'adresser à d'autres populations mieux acclimatées.

En résumé, il n'est pas étonnant que, quand un personnage marocain se présenta naguère dans cette vallée pour signifier aux nomades l'arrangement conclu avec la France, cet envoyé du sultan n'ait eu aucun succès, et qu'il se soit même, par prudence, hâté de revenir de suite sur ses pas. Il faudra donc que nous fassions nous-mêmes respecter les clauses du traité, *etiam manu militari,* comme on dit en droit. S'il fallait exercer quelques représailles contre les nomades évincés et à la suite de quelque hostilité de leur part, le mieux sera de frapper très fort dès la première occasion, et de ne pas hésiter à poursuivre les pillards jusqu'à l'oued Guir et à canonner leurs oasis, telles que Bou-Kaïs et Kenadsa, afin d'y enlever des approvisionnements que ces nomades y tiennent habituellement entreposés.

A propos de l'expédition de 1870, nous avons déjà établi comment ce genre d'opération doit être organisé et dirigé, de façon à obtenir un résultat plus effectif que ceux qu'on a réalisés jusqu'à ce jour.

La possession de la vallée de la Zousfana, qui nous est attribuée aujourd'hui, doit comporter naturellement celle des vallées qui s'y embranchent sur la rive droite. Elles ne sont pas très étendues, la crête du Djebel Béchar étant assez rapprochée ; mais elles renferment quelques points comprenant des jardins et des palmeraies, tels que Fendi et Bou Yala. Ces deux derniers jalonnent même un chemin permettant d'aller du Touat dans le nord du Maroc sans passer par Figuig et en empruntant le col de Teniet Messenech dans le Djebel Grouz, à l'ouest de Figuig. C'est une voie que nous devons toujours surveiller.

Il nous reste maintenant à étudier la situation que le régime actuel va imposer à Figuig. Et d'abord, quel intérêt pouvons-nous avoir à la prospérité de cette oasis ? Nous n'en avons absolument aucun. C'est un foyer de fanatisme religieux, qui, par cela même, s'est montré toujours hostile contre nous. Actuellement il sera enclavé dans nos possessions : ce qui inspirera à ses habitants plus de prudence à notre égard ; mais il restera un lieu de refuge pour nos déserteurs, nos criminels, nos dissidents des tribus algériennes, tous gens qui y entretiendront l'animosité contre nous. Dans un moment critique, cette oasis pourrait gêner considérablement nos communications avec le Touat et mettre en danger notre souveraineté dans la région.

En attendant que cette oasis tombe en notre pouvoir par un moyen quelconque, nous devons travailler à en diminuer l'importance le plus que cela nous sera possible.

Loin de moi la pensée de s'emparer de Figuig de vive force, par le seul motif qu'il nous gêne. Nous avons signé le traité de 1845 et les actes diplomatiques qui en dérivent ; nous devons faire honneur à notre signature. Si cependant une guerre motivée par de sérieux griefs s'élevait entre nous et le sultan de Fez, elle ne devra jamais nous surprendre, et notre premier acte devra être de mettre la main sur Figuig.

Mais l'oasis pourra fort bien tomber quelque jour dans nos mains comme la poire mûre reste entre les doigts de celui qui a voulu éprouver sa maturité ; cela se fera fatalement et sans violence de notre part ; il faut envisager cette éventualité possible : nous allons dire pourquoi ?

En étudiant la situation actuelle on reconnaîtra qu'à cause d'elle l'importance de Figuig va décliner progressivement. Notre présence dans la région, les nombreux postes que nous y avons établis, n'ont qu'un but : assurer nos communications avec le Touat ; notre moyen de communication sera le chemin de fer d'Oran à Aïn-Sefra, prolongé le plus loin possible dans le Sud au delà de Figuig et vers le Touat. Or, tel qu'on a déjà commencé à le construire au delà d'Aïn-Sefra, ce chemin ne pourra plus désormais passer par Figuig ; des montagnes s'y opposent ; on ne les percera pas par des travaux longs et coûteux ; le chemin débouchera donc bien plus facilement par le Feidj-Athia dans la vallée de la

Zousfana, ainsi que son tracé a été projeté et étudié. Il s'arrêtera probablement, à titre provisoire d'abord, à Djenan-ed-Dar, à 12 kilomètres au sud de Figuig. Un *terminus* établi là privera, *ipso facto*, Figuig d'une bonne partie du bénéfice du transit des caravanes venant du Touat ou du Soudan, c'est-à-dire de la part de chargements qui sera destinée a l'Oranais. Ce fait atteindra sensiblement l'importance commerciale de l'oasis, et il nous est presque commandé d'aggraver cette situation par certaines mesures, et de la rendre plus favorable encore à nos intérêts exclusivement. Il nous suffira d'établir à Djenan-ed-Dar (ou tel autre point de la vallée plus au sud encore) un grand marché doublé d'un entrepôt commercial, et d'y arrêter, par tous les moyens licites, le transit venu du Touat.

Mais, comme nous allons nous charger de maintenir la sécurité sur la route du Touat, nous serons légitimement fondés à percevoir un droit de passage sur les caravanes qui profitent de cette route. Ce droit nous dédommagera des frais que notre nouveau rôle va nous imposer. Ce serait absurde de nous lancer dans ces dépenses pour que seul le marché de Figuig pût en profiter. Mais comme nous avons établi un chemin de fer précisément pour drainer le trafic du Touat et du Soudan, nous serons également fondés à attirer vers ce chemin tous les bénéfices possibles. L'entrepôt commercial dont nous demandons l'établissement devra donc être juxtaposé à la gare-terminus, et les marchandises qui y entreront pour être transportées dans l'Oranais devront être exonérées du droit de passage.

Ce droit sera l'équivalent des rançons excessives perçues sur les caravanes par les chefs des nomades, Douï Menia et autres.

Dans le même ordre d'idées, nous ferons surveiller le chemin de Fendi et de Bou-Yala, dont il a été question

plus haut, et nous exigerons le droit de passage même
des caravanes qui le prendront, puisque jusque-là elles
auront, elles aussi, profité de la sécurité que nous aurons
créée à nos frais. Le Maroc ne saura se plaindre de l'établissement de ce droit légitime, ni le considérer comme
un impôt pesant sur des marchandises à lui destinées ;
car cette catégorie de marchandises pourra très bien, à
partir d'Igli, c'est-à-dire du confluent de la Zousfana et
de l'oued Guir, remonter la vallée de cette dernière rivière. Elle prendra par là un chemin plus direct pour se
rendre à Fez ou dans le Maroc septentrional. Seul Figuig sera lésé ; mais c'est le sort de toutes les enclaves, que
leur situation géographique gêne toujours au point de
vue commercial.

Il est bien possible que les gens de Figuig, les savants
qui s'abritent dans ses zaouïa, aient depuis longtemps
entrevu à ce point de vue les conséquences, fâcheuses
pour eux, de notre établissement dans la région, et que
cela ait augmenté leur hostilité.

Figuig ne deviendrait cependant pas désert en conséquence de la situation qui lui serait faite. Ses jardins
fertiles et bien irrigués y retiendront toujours une certaine population agricole ; mais le nombre de ses commerçants diminuera sensiblement ; nous aurons tout intérêt à attirer ces derniers auprès de notre entrepôt de
Djenan-ed-Dar, qui se peuplera rapidement. Ce point a
déjà de l'avenir par cela seul qu'il est devenu la résidence de l'officier supérieur commandant militaire de la
région. Il nous faudra aussi y attirer des Européens et
des Algériens, et favoriser leur trafic avec les caravanes
du Touat ; ils seront chargés de fournir à celles-ci, pour
leur retour dans le Sud, un chargement en marchandises
de provenance française, le tout *sans droit de passage*.
Le contribuable français ne peut être astreint à le payer
une deuxième fois, puisqu'il le paie déjà une première

comme contribuant à fournir au Trésor de quoi couvrir toutes les dépenses militaires dans la région. Il y aura intérêt pour nous, et même pour les Figuiguiens, à voir ceux de ces derniers qui font du commerce s'établir auprès de l'entrepôt et servir d'intermédiaires entre nos négociants et les caravanes, rôle auquel leurs occupations actuelles les ont admirablement préparés.

La sécurité de la vallée de la Zousfana sera assurée si, en outre de nos postes militaires, cette vallée devient plus peuplée. Il faut y attirer des gens de Figuig qui y soigneront et augmenteront les plantations, qui y bâtiront des maisons, des ksour et se dépouilleront, à la suite de nos bienfaits, de toute prévention contre nous. Nous avons essayé en Algérie des colons de toute provenance, sauf de celle qui était tout naturellement désignée. la race berbère ou kabyle, laquelle, à l'inverse de l'arabe ou de l'arabisé, se complait dans les villages et au milieu des cultures, qui aime le travail de la terre et qui, étant la race indigène, n'a pas à courir les dangers d'un acclimatement préalable.

Enfin, il importerait de créer à Figuig un *parti français*, si invraisemblable que cela paraisse à première vue. Ses habitants ont un goût marqué pour les luttes, les querelles locales. Discrètement il faut profiter de ce goût pour le diriger dans un sens favorable à nos intérêts.

Il n'y a pas jusqu'à l'influence religieuse qu'il ne faille chercher à mettre à notre service. Nous avons dit de quel crédit jouissaient les marabouts des zaouia de l'oasis, et on peut penser quels profits ils en tirent. Ils doivent subir cependant la concurrence périodique de certains personnages religieux de la région, tels que le marabout de Kerzaz (sur la route du Touat), qui viennent chaque année à Figuig remplir l'office d'arbitres respectés dans les procès entre indigènes, ou tout simplement pour y faire de riches collectes.

Pourquoi n'introduirions-nous pas discrètement dans Figuig une autre influence religieuse qui nous est déjà bien acquise? Je veux parler de celle des Ouled Sidi Cheikh, qui s'est exercée si avantageusement pour nous au Touat. Il y a à Beni-Ounif, entre Figuig et Djenan-ed-Dar, une *goubba* (marabout) élevée en l'honneur de Si Sliman, un des plus renommés ancêtres des Ouled Sidi Cheikh actuels. Ne pourrait-on pas attirer l'un d'entre eux à Beni-Ounif, pour y organiser un pèlerinage annuel à son bénéfice? Cette famille religieuse est universellement honorée dans le Sahara. Des intrigues de marabouts la tiennent cependant jusqu'ici à l'écart de Figuig. Avec un peu d'argent, il serait facile de venir à bout de ces intrigants, surtout dans un pays oriental. Il y a quelque chose à faire dans ce sens : nous arriverions ainsi à dominer moralement Figuig avant d'en être les maîtres effectifs.

Les rapports entre le commandant militaire de Djenan-ed-Dar et l'amal marocain de Figuig seront d'une nature délicate. En règle générale, ce commandant s'efforcera de n'avoir jamais aucune affaire à débattre avec l'amal marocain ; il finirait par donner aux yeux des Figuiguiens à ce fonctionnaire un prestige qu'il n'a pas et que nous ne devons pas contribuer à lui procurer.

Laissons-le dans son rôle fort ingrat de collecteur d'impôts qui ne lui vaut que l'animosité de ses administrés. Si ceux-ci, fatigués, finissaient, comme naguère à Ouchda, par se révolter, observons la plus stricte neutralité pendant le conflit. Ne permettons pas à cet amal d'établir sur notre territoire une sorte de base d'opérations pour recouvrer son pouvoir dans l'oasis. S'il en était chassé, invitons-le à prendre de suite le chemin de fer pour Oran, d'où il rejoindra Fez par telle voie qu'il voudra. Il ne faudrait pas nous exposer à la risée des indigènes en jouant le rôle de suppôts du sultan. Si celui-ci voulait plus tard rentrer en souverain à Figuig, qu'il se serve dorénavant pour cela de son propre territoire, et qu'on lui refuse notre chemin de fer.

La loyauté ne nous permettrait pas cependant de profiter d'un pareil incident, très probable, pour nous installer en maîtres à Figuig ; laissons l'anarchie régner quelque temps dans l'oasis; ce sera peut-être le sultan lui-même qui, un jour, nous proposera de nous livrer Figuig, toujours insoumis, en échange d'un léger avantage, et sans qu'il y ait risque d'une intervention européenne, puisque, bien à tort, nous craignons surtout cela.

En résumé, actuellement nous sommes en bonne situation devant Figuig; sachons en profiter; agissons avec de la suite dans les idées, c'est-à-dire d'après un plan bien mûri d'abord, invariablement exécuté. Figuig finira par nous arriver, comme cela a eu lieu pour le Touat.

VII

L'ERG ET LE TOUAT

A première vue, il semble étrange de parler du Touat et de l'Erg à propos des relations diplomatiques entre la France et le Maroc. Mais, si la domination du Sahara est devenue aujourd'hui une nécessité pour nous, en raison de nos conquêtes au Soudan, cette même domination fut exercée autrefois par le Maroc : or, l'ancien occupant regrette actuellement son empire d'autrefois. Le litige paraît réglé aujourd'hui, mais il peut réapparaître à la première occasion favorable. La question du Touat reste donc encore un peu une question franco-marocaine.

Le Sahara n'est pas un vaste désert de sable, comme le croit généralement le vulgaire. Les régions réellement sablonneuses ne constituent que le cinquième, selon les uns, le huitième même, selon les autres, de sa superficie totale. La plus grande partie des terrains de cette vaste région, encore trop peu explorée, consiste, au contraire, en *hamada*, c'est-à-dire en plateaux rocheux, rocailleux, de formation calcaire. Ce sont ces plateaux qui produisent incessamment des sables, et, en les parcourant, le voyageur perçoit la vision d'un monde en démolition. Ces plateaux sont encore plus dépourvus d'eau que la région des sables : on n'y rencontre qu'une très rare végétation et aussi fort peu d'animaux.

A l'absence d'eau correspond naturellement la sécheresse de l'air ainsi que l'absence des brumes pouvant modérer l'action des rayons solaires pendant le jour et le rayonnement vers les espaces célestes pendant la nuit. Le sol rocheux se trouvant violemment surchauffé, les couches d'air qui en sont le plus rapprochées se dilatent à ce contact et s'élèvent. Pour rétablir l'équilibre dans les masses gazeuses, l'air moins chaud de la zone tempérée afflue vers la zone torride et la combinaison de ce double mouvement avec celui de la rotation de la terre engendre les vents dits alizés, dont la direction est du nord-est vers le sud-ouest. Ainsi s'explique l'orientation, identique à celle des vents, des zones sablonneuses dans le Sahara. D'autre part, sous l'action alternative de la chaleur torride pendant le jour et d'une fraîcheur relative pendant la nuit, jointe au rayonnement considérable, vu la sécheresse de l'air, les roches calcaires se brisent en rocailles; celles-ci se fractionnent et deviennent finalement du sable. Ce sable est transporté ensuite parfois par les eaux, le plus souvent par le vent et, suivant la direction de ce dernier, il s'accumule par zones distinctes.

Lorsqu'exceptionnellement le vent du sud l'emporte sur celui du nord, il arrive dans le Tell comme un souffle suffocant, que nos colons appellent sirocco. Ce souffle apporte avec lui du sable; selon la grosseur des grains, une partie de ce sable reste en route sur les hauts plateaux et vers la côte il n'arrive plus qu'une poussière. L'ensablement des oasis de l'extrême-sud algérien est produit principalement par l'action du sirocco.

Les sables poussés par les vents alizés se forment comme des vagues, en dunes de hauteur et de largeur variables. Le déplacement des dunes est lent, mais continuel; seul le vent du sud le contrarie parfois pendant quelques jours. Les dunes se modèlent de plus sur la structure du terrain, partout où les masses rocheuses font suffisamment saillie pour ne pas être englouties sous le sable. La zone des sables se développe ainsi du golfe de Gabès, dans la direction du sud-ouest, jusque vers l'embouchure du Sénégal. Elle a une largeur variable, rarement moindre de 250 kilomètres. Les Arabes lui donnent le nom générique d'Erg, pays des dunes (ou plutôt des veines). Il y a, sans doute, dans le Sahara d'autres régions sablonneuses que l'Erg; mais leur situation géographique nous dispense de les étudier dans ce travail.

Par suite d'une cause non encore précisée, l'Erg, dans tout son parcours au sud de l'Algérie et de la Tunisie, présente une lacune importante correspondant environ au cours de l'oued Mia, fleuve sans eau sauf près de ses sources qui se trouvent dans le Djebel-Ahaggar, au centre du Sahara. Cet oued se perd dans les bas-fonds sablonneux au sud de la province de Constantine.

Le méridien moyen de la vallée de l'oued Mia est aussi celui de Sétif et de Bougie, dans le Tell; la partie orientale de l'Erg correspond donc à notre province de Constantine et à la Tunisie; la partie occidentale correspond aux provinces d'Alger et d'Oran.

L'Erg oriental est une barrière sérieuse entre nos possessions et le Sahara central. L'eau y fait défaut et les puits très rares qu'on y rencontre sont situés sur les confins de la zone. L'Erg occidental est d'un parcours plus facile sous le rapport de l'eau. Il est bordé à l'ouest par la vallée de l'oued Zousfana que suit aujourd'hui le chemin d'Oran au Touat. Cette vallée constitue une deuxième trouée à travers la zone des sables; car cette dernière se continue au sud du Maroc sous le nom d'Iguidi. L'Iguidi n'est cependant pas non plus une barrière infranchissable puisqu'il est traversé par les caravanes se rendant du sud du Maroc à Tombouctou; mais cet itinéraire sort du cadre de ce travail.

Le Touat s'étend précisément au sud de l'Erg occidental. Il est compris, d'une façon générale, entre 0° et 4° de longitude ouest et entre 27° et 30° de latitude nord. Or, le méridien du point le plus occidental de l'Algérie, de l'embouchure du Kiss dans la Méditerranée, est situé à 4°,35 minutes de longitude ouest; donc le Touat, se trouvant entièrement à l'est de ce méridien, fait incontestablement partie de notre hinterland algérien.

En résumé, pour aller d'Algérie au Touat, sans courir les dangers de la zone des sables, nous avons deux routes à notre disposition : celle de la trouée de l'oued Mia à l'est, et celle de la trouée de l'oued Zousfana à l'ouest. C'est la première que nous préférâmes d'abord. A une époque lointaine, où nous n'avions qu'un pied au Soudan et surtout où nous ne possédions pas Tombouctou, nous n'éprouvions qu'un médiocre besoin de pénétrer dans l'intérieur du Sahara. Il y a cinquante ans, Laghouat, alors notre extrême poste du sud, semblait à quelques-uns déjà trop aventuré. Mais, plus tard nous apprîmes à nos dépens qu'au sud de Laghouat le pays n'était pas inhabitable; car, à tout moment, à la suite du moindre trouble dans le sud, des fractions plus ou moins importantes de nos tribus cherchaient dans cette direction un refuge dans lequel nous n'osâmes pas d'abord les poursuivre.

En 1857, nous fûmes, par un incident de ce genre, presque obligés d'imposer notre domination au Mzab, bien au sud de Laghouat. En 1873, le général de Galliffet poussa jusqu'à Goléa, c'est-à-dire à 100 lieues à peine du Touat. Aussi les indigènes de ce dernier pays se préparèrent-ils à nous recevoir, éventuellement, chez eux : ils renonçaient à toute résistance; mais nous restâmes indifférents à ce mouvement en notre faveur.

Comme, d'autre part, nous progressions dans le Soudan, nous envoyâmes dans le Sahara la mission Flatters pour reconnaître le chemin devant relier cette région à l'Algérie. A sa deuxième tentative, la mission fut massacrée par les Touareg. Le crime avait été préparé dans un conciliabule tenu à Insalah, dans le Touat, Les habitants de la ville n'avaient pris aucune part au massacre; ils craignirent cependant des représailles et cherchèrent à se placer sous la protection du sultan régnant du Maroc, Mouley Hassan.

Le Maroc a dominé autrefois tout le Sahara. Ses sultans conquirent même Tombouctou au commencement du xviie siècle. Ils jalonnèrent aussi de kasbas (citadelles) la route qui de Fez ou du Tafiled était suivie par les pèlerins se rendant à La Mecque. Cette route évitait complètement l'Algérie et la Tunisie où dominaient les Turcs; elle était aussi tout autant voie commerciale que chemin de pèlerinage. Ses gîtes d'étapes furent soigneusement réglés et les *kasbas* devenaient des stations de repos et des lieux de refuge contre le brigandage des Touareg, dont l'orthodoxie musulmane était douteuse et qui rançonnaient sans ménagement les pèlerins et les marchands. Il y avait ainsi des kasbas dans plusieurs villes du Touat, ainsi que dans la vallée de l'oued Mia et dans celle de l'Igharghar plus à l'est.

En occupant Tombouctou, sur le Niger, les sultans de Fez accaparèrent à leur profit tout le commerce des esclaves importés du Soudan vers la côte septentrionale d'Afrique.

Or, il y a cent cinquante ans, le Maroc tomba en décadence.

Successivement, Tombouctou fut abandonné; puis ce fut le tour du Touat qui, mal protégé contre les Touareg, refusa l'impôt au sultan, impuissant à le défendre.

Le Touat devint donc indépendant. Après le massa-

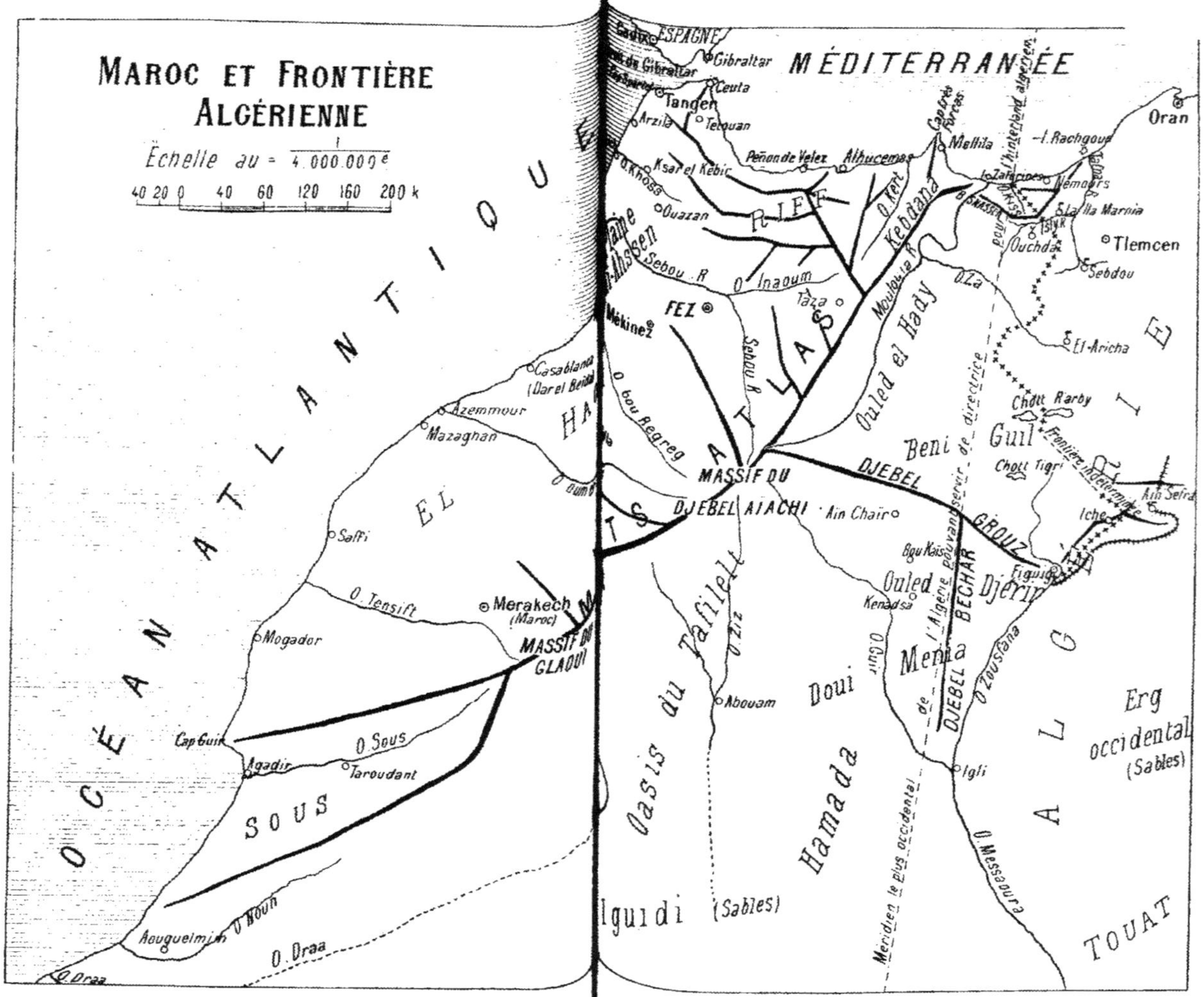

MAROC ET FRONTIÈRE
ALGÉRIENNE

Échelle au = $\frac{1}{4.000.000^e}$

40 20 0   40   60   120   160   200 k

OCÉAN ATLANTIQUE

MÉDITERRANÉE

ESPAGNE
Cadix
Dét. de Gibraltar
Cap Spartel
Tanger
Arzila
Tetouan
Gibraltar
Ceuta
Peñon de Velez
Alhucemas
Mellila
Cap trés Forcas
l. Rachgoun
Oran
O. Khoss
Ksar el Kebir
Ouazan
RIFF
O. Kert
Kebdana
Zafarines
Nemours
Ksar
ISLYK
Ouchda
St Leila Marnia
Tlemcen
Sebdou
El-Aricha
Chaîne Ahssen
Sebou R.
O. Inaoum
Taza
Moulouia R.
O.Za
FEZ
Mékinez
Ouled el Hady
Casablanca
(Dar el Beida)
Azemmour
Mazaghan
O. bou Regreg
O. Sebou R.
Oumb
MASSIF DU
DJEBEL AÏACHI
Aïn Chaïr
ATLAS
MONTS
DJEBEL
Beni Guil
Chott Rarby
Chott Tigri
Frontière indéterminée
Aïn Sefra
Iche
GROUZ
Bgu Kaïs
de l'Algérie pouvant servir de directrice
pour l'hinterland algérien
Ouled
Kenadsa
DJEBEL BECHAR Djerin
Menia
Figuig
EL
HA
Salfi
Merakech
(Maroc)
Mogador
MASSIF DU
GLAOUI
Cap Guir
Agadir
O. Sous
Taroudant
SOUS
Aouguelmin
O. Nouh
O. Draa
O. Draa
O. Tensift
Oasis du Tafilelt
O. Ziz
Abouam
Doui
Hamada
Iguidi (Sables)
Meridien le plus occidental
Igli
O. Zousfana
O. Messaoura
Erg
occidental
(Sables)
ALG
IE
TOUAT

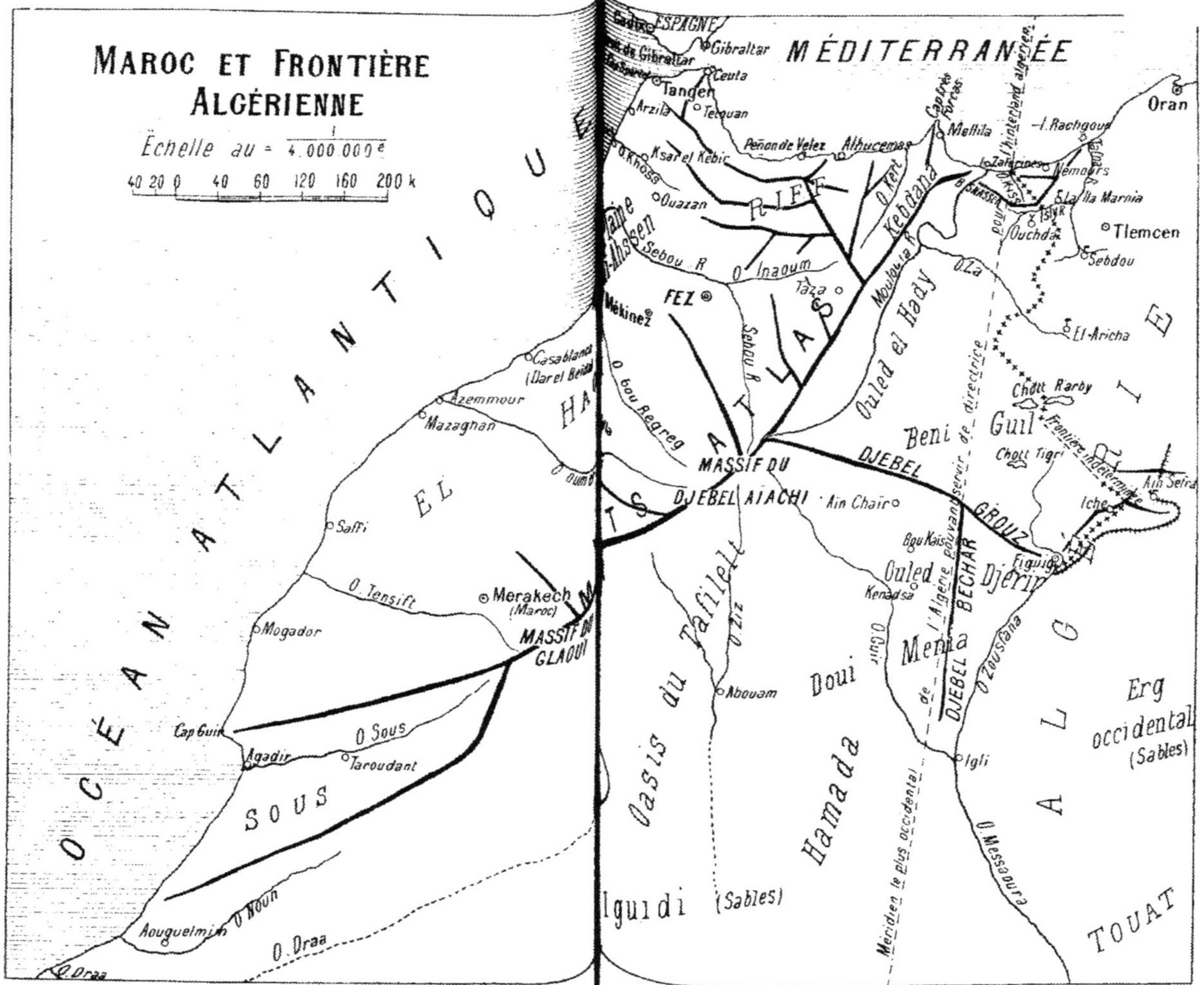

MAROC ET FRONTIÈRE
ALGÉRIENNE

Échelle au = $\frac{1}{4.000.000^e}$

40 20 0   40   60   120   160   200 k

OCÉAN ATLANTIQUE

MÉDITERRANÉE

ESPAGNE
Cadix
Dét. de Gibraltar
Gibraltar
Ceuta
Tanger
Arzila
Tetouan
Ksar el Kebic
Peñon de Velez
Alhucemas
O. Khoss
Ouazan
RIFF
O. Kert
Melilla
Cap des Forces
I. Rachgoun
Oran
l'hinterland algérien
Nemours
Zaïa
Kebdana
Moulouia R.
O. Za
Lalla Marnia
Islyr
Ouchda
Tlemcen
Sebdou
chaîne Ahssen
Sebou R.
O. Inaoum
Taza
FEZ
Mekinez
Sebou R.
ATLAS
El-Aricha
Casablanca
(Dar el Beïda)
O. bou Regreg
Azemmour
Mazaghan
EL HA
O. oum
MASSIF DU
DJEBEL AIACHI
Aïn Chair
Ouled el Hady
Beni Guil
Chott Rarby
Chott Tigri
DJEBEL GROUZ
Frontière indéterminée
Aïn Sefra
Iche
Bou Kaïssa
l'Algérie pouvant servir de directrice
Saffi
Merakech
(Maroc)
MASSIF DU
GLAOUI
Mogador
Cap Guir
Agadir
O. Sous
Taroudant
SOUS
Oasis du Tafilelt
O. Ziz
Abouam
Doui
Hamada
Méridien le plus occidental
Ouled
Kenadsa
Menia
DJEBEL BÉCHAR
Béchar Djerir
Figuig
de
O. Zousfana
O. Guir
Igli
O. Messaoura
Erg
occidental
(Sables)
ALG
IE
Aouguelmin
O. Noun
O. Draa
O. Draa
Iguidi   (Sables)
TOUAT

ere de la mission Flatters, il chercha de nouveau un protecteur à Fez, à l'instigation des confréries religieuses de l'Islam. Mouley Hassan, dont les intentions furent pressenties, trouva d'abord la tâche trop lourde; il craignait une compétition de notre part. Puis, changeant d'avis et opérant discrètement pour ne pas attirer notre attention, il s'engagea envers les Touatiens et finit par nommer des agents destinés à percevoir l'impôt en son nom. Or, les Touatiens désiraient seulement être protégés, mais sans avoir à payer cette protection. Ils protestèrent et, en 1891, mis au courant de ces menées, nous crûmes devoir adresser d'abord des observations au sultan. Rien dans le traité de 1845 ne l'autorisait à s'annexer le Touat; bien au contraire, à cette époque, les Marocains avaient répudié toute souveraineté sur ce pays et l'avaient — faussement — déclaré inhabitable.

Battus de ce côté, les diplomates marocains exhibèrent alors des *cartes allemandes*, qui représentaient le Touat comme une province marocaine.

J'ai entre les mains l'atlas de Justus Perthes, de Gotha, édition de 1885; il établit effectivement cette fausseté. Les diplomates de Berlin, qui l'avaient figurée sur leurs cartes, avaient donc appris aux Marocains à les lire. Le fait est à constater, et dorénavant nous devrons toujours mettre à l'appui des contrats signés avec le Maroc des cartes qui en consacreront visiblement les clauses et qui nous prémuniront contre les ambiguités.

En 1890, nous avions cependant signé avec l'Angleterre un arrangement qui nous attribuait dans le Sahara, et comme hinterland algérien, toutes les oasis comprises entre les deux méridiens extrêmes, encadrant le Tell algérien.

Or, comme l'année suivante, malgré cet arrangement,

l'Angleterre et plusieurs autres puissances européennes se disant intéressées à l'intégrité du Maroc s'émurent à l'annonce d'une expédition que nous préparions contre le Touat. Notre diplomatie, comme toujours timide à l'excès, contremanda cette expédition. Elle fit cependant signifier au sultan que, de son côté, il aurait à s'abstenir dorénavant de chercher à étendre son autorité sur le Touat. Notre gouvernement se proposait néanmoins de s'avancer pied à pied vers cette région. Il décida d'abord l'occupation de Goléa et la création d'escadrons de méharistes pour dominer l'Erg de ce côté.

Plus tard, le fort d'Hassi-Inifel fut établi à 80 kilomètres au sud de Goléa, et ensuite les forts Mac-Mahon, Miribel et Lallemand; le premier était destiné à jalonner la route de Timimoun, c'est-à-dire du nord du Touat; les deux autres, celle d'Insalah, c'est-à-dire du sud du même pays.

On utilisait donc la trouée de l'oued Mia; les difficultés que nous avions éprouvées avec le Maroc nous dissuadaient d'user de la trouée de l'oued Zousfana pour arriver au même but; cette dernière vallée était encore en litige entre le Maroc et nous.

Cependant, en 1897, un goum de 500 chevaux, aux ordres du chef de bataillon Godron, commandant du cercle de Géryville, et de l'agha des Ouled Sidi Cheikh, Si-Eddin ben Hamza, pénétra dans le Touat et spécialement dans le Gourara et la vallée de l'oued Messaoura, prolongement de celle de la Zousfana. Ce raid démontra nettement aux Touatiens que leur pays n'était plus intangible pour nous.

D'autres colonnes françaises ont suivi aussi, depuis lors, la trouée de l'oued Mia, et bientôt le Touat entier, attaqué par les deux routes, tomba en notre pouvoir. La diplomatie marocaine ne s'y opposa pas; peut-être faut-il cependant voir sa main dans la préparation des attaques que dans les débuts, dirigèrent contre nous les Berabers marocains et spécialement ceux du Tafilelt. Mais ces attaques restèrent infructueuses; elles motivèrent, au contraire, de notre part, l'occupation complète de la vallée de la Zousfana, puis de la Messaoura, qui est la même ligne d'eau prolongée sur la frontière occidentale du Touat. Précédemment, nous avons exposé quelles difficultés nous rencontrâmes dans cette œuvre et comment elles furent résolues.

Aujourd'hui, la vallée de la Zousfana est reconnue comme étant le chemin le plus commode pour aller au Touat, et les officiers qui commandent dans cette dernière région ont été placés en conséquence sous l'autorité du commandant de la subdivision d'Aïn-Sefra, province d'Oran. Nos ravitaillements par cette voie sont d'ailleurs plus faciles.

Nous sommes donc définitivement installés au Touat, en dépit des intrigues marocaines, et nous sommes maîtres du Sahara sur plus de la moitié de la distance qui sépare Alger ou Oran de Tombouctou, notre poste le plus septentrional au Soudan.

Pousser plus loin notre étude dans cette direction la ferait sortir des limites que nous nous sommes tracées.

Ajoutons cependant ici quelques détails sur la population du Touat. Ce pays consiste dans un groupement d'oasis, séparées par des espaces généralement sablonneux. On peut les classer en quatre régions : au nord, le Gourara, chef-lieu Timimoun et l'Aougueront, chef-lieu Kasba-el-Hamra; au centre, le Touat proprement dit, sans chef-lieu important; au sud, le Tidikelt, chef-lieu Insalah.

La population sédentaire compte environ 200.000 âmes, réparties dans 350 villages ou ksour. Dans le nord, les Berbères, connus sous le nom de Zenata, forment le fond de la population sédentaire. Auprès d'eux vivent

sous la tente des Arabes constituant une sorte d'aristo-
cratie; ils s'intitulent nobles (djouad). Autour de ces
deux éléments se groupent la foule des esclaves nègres
et celle des mulâtres issus de l'union des négresses avec
des hommes des deux premiers éléments. Les Berbères
parlent le *zenatia*, idiôme spécial; les Arabes parlent
l'arabe, mais ils usent du zenatia dans leurs relations
avec les gens des ksour. Ils conservent aussi le costume
que nous leur connaissons en Algérie, tandis que les
Berbères portent habituellement la chemise flottante,
habaïa, et une culotte ayant quelque analogie avec le
pantalon européen. Dans le Tidikelt, le sud du Touat,
les Berbères sédentaires sont en moins grand nombre
et on rencontre surtout des Arabes, le tout mélangé à
une foule de nègres esclaves et de mulâtres.

Autour de chaque ksar vit en permanence, comme
à Figuig, une population flottante de nomades, venus,
les uns du Maroc, les autres de toutes les régions saha-
riennes. On y remarque principalement les fameux
Touareg, appartenant dans cette région à la branche des
Ahaggar, qui est réputée nous être particulièrement
hostile.

La population de chaque ksar a sa djemaa, conseil
municipal jouant le même rôle qu'à Figuig. Son chef
est souvent un Arabe, vivant sous la tente à l'extérieur
des murs, mais cependant propriétaire de maisons dans
le ksar et de jardins aux alentours.

Les ksour sont confédérés entre eux, pour se soutenir éventuellement contre l'ennemi extérieur. Dans
cette région, il y a également deux partis rivaux, et
nous retrouvons au Touat tout ce que nous avons déjà
signalé à Figuig, avec cette différence que déjà avant
notre arrivée au Touat un des deux partis passait pour
nous être favorable. Cela explique le peu d'énergie que
ce pays a déployé contre notre invasion. Avec de la

prudence et du tact, nous pourrons le gouverner sans grand déploiement de forces. Il importe surtout d'en écarter soigneusement toute influence marocaine et de surveiller les confréries religieuses qui pourraient s'en faire les intermédiaires.

Au Touat, nous tenons le centre de toutes les relations commerciales dans le Sahara. Le commerce d'esclaves y a cessé depuis que nous l'avons aboli à son origine au Soudan. Mais les esclaves subsistent nombreux au Touat, comme au Soudan, d'ailleurs; il sera sage de ne pas s'apercevoir de leur condition sociale, ainsi du reste que nous l'avons fait autrefois en Algérie. La loi musulmane est relativement douce pour l'esclave. Les enfants nés du maître et d'une négresse naissent libres, s'ils suivent la religion de Mahomet. Beaucoup de mulâtres sont donc libres et, s'ils occupent, en général, un rang subalterne dans la population, cela tient à ce que le plus grand nombre ne possède rien et qu'ils ne sont que les fermiers et les métayers des Arabes et des Berbères.

Les esclaves, mais non les nègres, disparaissent donc peu à peu et nous serons dispensés de décréter ouvertement l'abolition de l'esclavage, ce qui porterait atteinte à la propriété, non seulement au Touat, mais parmi de nombreux nomades algériens soumis à notre autorité. Chez eux, les bergers sont fréquemment des nègres esclaves, mais peu préoccupés de recouvrer la liberté qu'ils n'ont jamais connue. Ils ont été amenés du Soudan dans leur première jeunesse et, d'ailleurs, cette liberté ne serait pour eux que la plus extrême misère.

Une connaissance plus précise des mœurs et des idées des Touatiens nous indiquera plus tard sur lequel des éléments de la population nous devrons nous appuyer pour consolider notre autorité.

Le conquérant qui néglige de s'appuyer sur une fraction de la population indigène ne fonde jamais qu'un empire éphémère.

Au Touat, il y a au moins deux races en présence : les Berbères et les Arabes. Elles vivent côte à côte depuis des siècles et sans se mélanger; leur point de contact commun existe dans la race nègre. Cela indique une sorte d'incompatibilité entre l'une et l'autre de ces deux races. Nous devons profiter, au Touat, de cet état de choses avec plus de sagacité que nous ne l'avons fait en Algérie. Il faut savoir diviser pour régner; c'est-à-dire maintenir la division entre les races conquises, afin de pouvoir les opposer l'une à l'autre dans l'éventualité, à ne jamais perdre de vue, d'un péril pour notre domination sur l'Afrique septentrionale.

VIII

LE MAROC, SON PEUPLE, SON GOUVERNEMENT

Le Maroc, appelé par les Arabes Mogreb-el-Aksa (Extrême-Occident), est encore assez peu connu de nous. Les indigènes voient avec la plus grande méfiance les Européens voyager dans leur pays, et il y a même péril pour la vie à pénétrer au milieu de certaines tribus sauvages, d'ailleurs peu ou point soumises au sultan

Il y a un Maroc qu'on pourrait appeler géographique parce que toutes ses limites sont nettement indiquées par la géographie. Le Maroc politique déborde au delà de ces limites ; mais il est à remarquer que les régions annexes du Maroc géographique sont en général plus ou moins indépendantes. L'autorité du sultan y est souvent nominale; elle ne devient effective que quand elle est appuyée sur la force des armes; elle n'est plus respectée dès que les troupes impériales se retirent.

Du côté de l'Est, le Maroc géographique est délimité par une chaîne de montagnes partant du cap Tres-Forcas au nord de la presqu'île de Mélilla et se dirigeant vers le Sud-Ouest, laissant à l'Est le cours de la Moulouïa du bassin de laquelle elle forme la ceinture occidentale; elle s'épaissit ensuite sous la forme d'un massif central et sous le nom de djebel Aïachi. Les sommets y atteignent et dépassent 3.000 mètres ; ils sont souvent couverts de neige et donnent naissance à des sources très nombreuses et très abondantes. C'est de ce massif que coulent vers le Nord la Moulouia, vers le Sud-Est l'oued

Guir, qui se dirige vers le Touat; vers le Sud l'oued Zis, qui arrose le Tafilelt et qui se perd dans les sables de l'Iguidi au Sahara; et enfin, vers l'océan Atlantique, le Sebou, qui coule dans la direction Nord, puis Ouest, ainsi que les rivières dites Oued-bou-Regreg et Oum-er-Rebia, qui se dirigent immédiatement vers l'Ouest.

Pour les Européens, cette chaîne de montagnes porte le nom d'Atlas; mais cette dénomination est absolument inconnue des Marocains.

Du massif de l'Aïachi à celui du Glaoui, la chaîne reste toujours élevée et orientée vers le Sud-Ouest. Au Glaoui, elle se bifurque : la branche septentrionale va aboutir au cap Guir sur l'Atlantique ; la branche méridionale finit près de l'embouchure de l'oued Noun dans le même océan. Le pays compris entre les deux branches est le Sous, arrosé par la rivière du même nom, pays fertile et peuplé par la race berbère.

En somme, l'Atlas sépare du continent africain un pays de forme à peu près triangulaire, dont le climat diffère sensiblement de celui des autres régions de l'Afrique septentrionale situées sous des latitudes correspondantes. Sous les Romains, cette région était la Mauritanie tingitane (Tanger en était la capitale). Après la chute de l'empire romain, ce fut le siège tantôt d'une, tantôt de plusieurs monarchies arabes, plus souvent en guerre les unes contre les autres qu'unies par des alliances que n'imposait aucun voisinage hostile d'une autre race ou d'une autre religion. La race arabe s'est maintenue prépondérante dans les plaines dont elle s'est assimilée les anciens habitants. La race berbère, réfugiée dans les montagnes, y a conservé toute son indépendance ou du moins une partie ; elle a accepté la religion musulmane, mais elle parle souvent encore son idiome particulier, quoique modifié selon les régions. Dans le Sous, cet idiome porte le nom de cheulah.

A la fin du xv⁰ siècle, les Arabes furent expulsés d'Espagne et dès lors les Espagnols et les Portugais prirent l offensive contre l'Islam. Leurs expéditions répétées contre le Maroc restèrent infructueuses; elles n'eurent d'autre résultat que l'occupation pendant un temps plus ou moins long de quelques ports. De nos jours, l'Espagne ne possède plus, sur les côtes septentrionales marocaines, que Ceuta, en face de Gibraltar, Melilla, dont nous avons déjà parlé, et les présides (fortins) de Peñon de Velez et d'Alhucemas, sur la côte du Riff.

Nous avons exposé précédemment que, si le Maroc dominait nominalement dans le bassin entier de la Moulouia, les rois de Tlemcen lui avaient fréquemment disputé et parfois enlevé cette région. Les Turcs, plus tard maîtres de Tlemcen, envahirent à leur tour celle-ci sous la conduite de Salah Reïs et ils livrèrent même combat aux Marocains à Taza, à l'ouest de l'Atlas.

Nous avons dit également combien était peu efficace l'autorité du sultan sur les gens de Figuig, et comment elle était presque répudiée par les trois grandes tribus nomades voisines, les Beni Guil, les Ouled Djerir et les Douï Menia.

La suprématie marocaine est moins contestée actuellement par les populations sédentaires du Tafilelt, région d'oasis continuée par le bassin de l'oued Zis, à l'est du grand Atlas. La famille qui règne à Fez est même originaire de ce pays; mais cela n'empêche pas celui-ci de se révolter parfois, soit sous la pression d'intrigues de famille, soit à la suite d'exactions. Nombreuses ont été les expéditions dirigées de Fez sur le Tafilelt pour y rétablir le pouvoir du sultan.

Tout au sud du Maroc et de la chaîne méridionale de l'Atlas, se trouvent les bassins de l'oued Noun et de l'oued Draa. Ces deux cours d'eau ont le caractère de rivière intermittente propre à celles du Sahara. Les tribus nomades ou sédentaires qui peuplent ses bords vivent presque indépendantes. En général, elles ne paient aucun impôt au sultan.

Rappelons enfin sommairement qu'à un certain moment le Maroc dominait le Touat, occupait Tombouctou sur le Niger et maîtrisait, par de petites garnisons retranchées dans des kasba, les principales routes du Sahara.

Actuellement il semble au contraire que le Maroc soit peu à peu refoulé en dedans de ses limites géographiques, bien plus étroites que ses limites politiques. Mais il s'en faut cependant que, même dans l'intérieur de ces dernières, le pouvoir du sultan soit partout accepté avec soumission.

Sur les côtes septentrionales, dans les montagnes du Riff, les Berbères vivent à peu près indépendants et parfois en hostilité avec le sultan. Ils provoquent même, par leurs brigandages trop souvent répétés, les légitimes réclamations des nations européennes. Le route la plus directe de Tanger à Fez, qui devrait être la mieux gardée de l'empire, n'est pas sûre à cause du voisinage des Riffains ; les convois, les voyageurs isolés, préfèrent prendre une voie plus détournée.

D'autre part, les massifs de l'Atlas sont habités par des tribus farouches et pillardes, et, comme nous l'avons dit, au sud de l'empire, le Sous cause des soucis périodiques au sultan.

Il reste cependant à celui-ci, pour y exercer son pouvoir absolu, encore une vaste région, délimitée au Nord par le fleuve Sebou, à l'Est par le pied des contreforts les plus abrupts de l'Atlas, et au Sud par la branche de l'Atlas qui vient finir au cap Guir. C'est un pays de plaines à peu près exclusivement. Il est habité par une race laborieuse, occupée principalement à cultiver la terre. Celle-ci est des plus fertiles ; le climat y est plus tempéré parce que les pluies sont plus fréquentes en été, en raison du voisinage de l'Atlantique. Cette région si favorisée serait certainement mieux colonisable par des Européens que ne le sont l'Algérie et la Tunisie. Les cours d'eau qui l'arrosent descendent de l'Atlas, suivant des pentes très rapides d'abord; ils sont alors torrentueux; puis, lorsqu'ils arrivent dans la région de plaines qui n'est plus très élevée au-dessus de la mer, leur cours devient beaucoup plus lent, et c'est cette particularité, jointe à l'abondance des sources qui l'alimentent, qui rend le fleuve Sébou navigable sur une partie notable de son cours en plaine.

Plus au Sud les rivières, telles que le Bou-Regreg, l'Oum-er-Rebia, le Tensift, courent entre des berges élevées qu'elles se sont taillées dans les alluvions. Ces berges constituent de véritables obstacles, même quand le lit de la rivière n'est pas très profond. Les points de passage pour les caravanes, pour les troupes, se trouvent ainsi limités en nombre. Autrefois, à la suite des guerres continuelles entre les rois de Fez et du Maroc, cette région était devenue peu à peu un désert. L'union des deux royaumes sous un seul souverain a rendu à la paix et au travail les indigènes qui ne demandaient que cela, et le pays s'est rapidement repeuplé.

Nous parlerons des ports de la côte en étudiant les frontières du Maroc.

Il est difficile de donner le chiffre à peu près exact de la population de cet empire ; on l'a évalué à 6 et même à 8 millions ; ce sont là des appréciations exagérées ; car la dernière surtout donnerait au Maroc une population spécifique par kilomètre carré supérieure à celle de l'Algérie. Le chiffre de 5 millions et demi paraîtra se rapprocher de la réalité.

Le Maroc a trois capitales : Fez, Meknès et Maroc. Il ne faudrait point croire que cette dernière ville a donné son nom au pays dont elle est la capitale. Les Arabes appellent le Maroc *Moghreb* et la ville de Maroc *Merakech*. Il y a entre ces deux noms une analogie de consonnance excessivement lointaine ; mais la difficulté qu'éprouvent en général les Européens à prononcer correctement l'arabe leur a fait confondre ces deux mots.

Le plus souvent le souverain habite Fez ; il fait de temps à autre un séjour de quelques mois à Maroc, où se trouve le vaste palais des anciens rois de cette région; quant à Meknès, distant de Fez de deux journées de marche, c'est une sorte d'annexe de Fez, et de plus le chef-lieu d'une colonie militaire.

Le sultan est toujours représenté à Meknès, à Maroc et au Tafilelt soit par un de ses frères ou de ses fils, ou même de ses oncles avec le titre de gouverneur; mais il est arrivé aussi que ces gouverneurs, peu surveillés et peu satisfaits de leur situation, se sont révoltés contre leur souverain.

Le sultan ne voyage jamais dans l'intérieur de son empire qu'accompagné d'une forte partie de son armée ; il est vrai qu'il en profite, en général, pour faire rentrer l'arriéré des impôts et pour châtier les fonctionnaires qui le trompent et le volent. Il est entouré, pendant son voyage, du cérémonial en usage pour les souverains d'Orient ; il est suivi par une partie plus ou moins forte de son harem, car ses voyages ont toujours une certaine durée, et de plus, par la plupart des grands dignitaires de la couronne. A cette escorte se joint une multitude considérable de marchands de tout genre (ils voyagent ainsi avec plus de sécurité), de musiciens, de chanteurs, de baladins et même de mendiants. Cette multitude devient le fléau des populations qu'elle traverse et qui doivent fournir à tous ceux qui tiennent de près au sultan non seulement des vivres, mais très souvent des moyens de transport, lesquels ne retournent pas toujours à leurs propriétaires. Enfin les récoltes sur pied ne sont pas toujours ménagées. Tantôt elles sont coupées comme fourrages verts pour les animaux de bât et de selle, tantôt elles sont foulées aux pieds, cette énorme caravane ayant l'habitude de marcher sur un grand front, quand le terrain le permet, et ne s'attardant jamais à des détours quand elle voyage en plaine.

La pratique de la polygamie étant poussée aux extrêmes limites par le souverain et les princes de sa famille, la cour impériale est fort nombreuse. Tous ces parents du sultan sont voués par leur naissance à la recherche d'un rang aussi élevé que possible dans l'Etat. Aussi se livrent-ils à d'incessantes intrigues ; les complots ne sont pas très rares, et ils finissent parfois par une exécution capitale.

Les jeunes princes, successeurs éventuels du sultan au pouvoir, sont élevés d'abord à l'écart dans le harem; ils ne reçoivent ensuite aucune instruction générale en rapport avec les exigences que l'état actuel du monde impose à ceux qui doivent régner sur les peuples. Les savants qu'on leur donne pour précepteurs s'attachent avant tout à en faire de fervents croyants. La famille régnante est d'ailleurs une famille de *chérifs*, c'est-à-dire que sa généalogie plus ou moins authentique la fait descendre de Fatma, la fille chérie du Prophète.

Toutefois les chérifs abondent au Maroc ; ceux qui occupent le trône de Fez sont originaires du Tafilelt; mais il y a encore au Maroc les chérifs d'Ouazzan, ville située sur le chemin de Tanger à Fez ; leur légitimité n'est pas réputée moindre que celle du sultan; et, enfin, il y a les chérifs edrissites, c'est-à-dire les descendants d'Idris, fondateur du royaume de Fez. Depuis longtemps ils ont cessé de régner ; mais ils ont conservé un grand prestige et ils partagent avec la famille régnante les hautes situations à la cour.

Le Maroc n'est certes pas un empire dont les éléments sont solidement unis les uns aux autres ; mais, à part les juifs, qui, quoique nombreux, ne comptent pas comme pouvant jouer un rôle politique, il n'y a qu'une religion au Maroc : c'est la religion musulmane. C'est un lien sérieux, et même les tribus qui se targuent d'être les plus indépendantes s'inclinent avec respect devant le sultan comme le descendant du Prophète. Elles comprennent que c'est autour de lui qu'elles devront se rallier, si l'Islam était en péril. Les nations européennes ne peuvent donc pas compter en leur faveur sur des défections, même de la part des plus turbulents. En face des chrétiens, tous les Marocains combattront côte à côte.

Le prestige des sultans a cependant quelque peu baissé depuis un demi-siècle. Le sultan précédant accueillait avec une certaine faveur les Européens capables d'instruire ses troupes, d'organiser et d'entretenir le matériel de guerre. Les fervents musulmans en étaient scandalisés ; ils n'admettaient pas qu'un chrétien pût, pour quoi que ce soit, être classé au-dessus du moindre des Marocains. Le sultan actuel va plus loin. Il n'aime pas seulement à se mettre au courant du progrès des choses militaires, mais toute invention moderne attire son attention et lui fait désirer de la voir fonctionner, s'il est possible, sous ses yeux. La soif des nouveautés est chez lui certainement remarquable, eu égard à l'éducation archaïque qu'il a reçue. Loin de se borner à l'équitation et à l'usage des armes, tous les sports modernes le captivent également. Mais en voyant, par exemple, le sultan tenir à la main un appareil photographique, les dévôts ne peuvent que se voiler la face avec les pans de leurs burnous; car le Prophète a formellement interdit de reproduire l'image d'aucun être vivant (de peur de l'idolâtrie probablement). Dans quelle mesure ces tendances novatrices ont-elles pu enlever au sultan actuel quelque peu de son prestige, il serait difficile de le préciser ; ce qui est certain, c'est que bien des dévôts ont été scandalisés.

Si cependant ceux-ci désapprouvent leur souverain, ce dernier n'a rien à craindre du clergé.

L'Arabe le plus religieux se passe de clergé. Sous la tente, le père de famille est le prêtre de ceux qui l'entourent, et c'est lui qui leur apprend leur religion et qui les oblige, au besoin, à la pratiquer. Cependant il confie souvent ses enfants mâles, lorsqu'ils ont de dix à douze ans et quand il en a les moyens, à quelque pieux marabout résidant dans une zaouia (école religieuse), afin qu'il leur apprenne à lire, à écrire et à réciter le Coran; mais généralement c'est tout. Beaucoup ne s'astreignent pas à tant que cela; aussi les illettrés sont-ils nombreux. Toutes les femmes le sont, sauf de rares exceptions. L'enfant, de retour sous la tente, conservera toute sa vie le respect des marabouts qui l'ont quelque peu élevé et qui l'ont instruit. De là une des causes les plus efficaces de l'influence considérable des ordres religieux (dont les marabouts sont les membres) dans les pays musulmans.

Mais rien dans la religion musulmane n'ordonne la fréquentation des mosquées. La religion ne prescrit que des prières ; elle a été faite pour des nomades et non pour des cultivateurs ou des citadins. Le Prophète entrant un jour dans un douar et trouvant une charrue près d'une tente, n'a-t-il pas dit : « Quand la charrue est près de la tente d'un homme, la honte en est près également. »

Cependant l'Islam, prêché d'abord dans les tribus nomades, pénétra ensuite dans les villes et les villages. Il parut dès lors plus régulier, au lieu d'aller dire les prières au dehors et faisant face à l'Orient, de les dire, au moins dans les occasions solennelles, dans des édifices affectés spécialement à cette pieuse pratique, dans des mosquées. Il y eut donc des *imams* pour présider ces prières dans les mosquées, des lecteurs pour lire le Coran à haute voix aux fidèles et un personnel subalterne pour entretenir l'ordre et la propreté dans l'édifice. Toutefois, ce personnel, supérieur ou subalterne, ne retira pas, du fait seul de ses fonctions, le prestige qu'il a acquis dans d'autres pays et dans d'autres religions.

Ce prestige religieux est acquis spécialement à ceux qui, en outre de l'observance normale de la loi divine, pratiquent de longues oraisons, de dures mortifications, de larges aumônes, possibles, il est vrai, seulement à l'aide des collectes continuelles faites de tous côtés.

Or, toutes ces saintes œuvres sont dans l'Islam le fait spécial des membres des divers ordres religieux ; les imams, s'ils imitent ces exemples édifiants, et souvent ils sont affiliés eux-mêmes à un de ces ordres, acquièrent les mêmes droits à la vénération publique, mais seulement à ce prix.

Les marabouts affiliés à ces ordres, lorsqu'ils y occupent un certain rang, habitent généralement près d'un lieu de pèlerinage qui comporte souvent aussi une école pour les enfants et un noviciat pour l'ordre. Mais, en outre, ils font des tournées dans la région. Non seulement ils prêchent; mais ils rendent même la justice civile; ils règlent les différents entre particuliers, et leurs sentences sont moins discutées que celles des fonctionnaires du sultan. Ils font toujours des collectes et se montrent durs et même agressifs envers ceux qui ne sont pas généreux. Le produit des quêtes est affecté aux œuvres de l'ordre et au soulagement des pauvres, spécialement de ceux que leur dévotion amène au pèlerinage.

L'influence d'un saint personnage lui est, en très grande partie, personnelle ; elle est souvent considérable sur les masses populaires. Le sultan lui-même y a recours dans certaines occasions.

Quand il est à court de soldats et que sachant bien que, sans eux, le fonctionnaire qu'il enverra régler une affaire sera reçu à coups de pierre, si ce n'est à coups de fusil, il s'adresse à quelque vénéré marabout, ayant la plus grande influence dans la région, et il le charge d'aller seul, sans armes, rétablir le calme dans cette région troublée, et le marabout mène presque toujours à bien son œuvre pourtant difficile. Nous avons signalé précédemment un fait semblable, à propos de la révolte d'Ouchda.

On conçoit donc que le sultan doive ménager beaucoup les ordres religieux, d'ailleurs plus nombreux au Maroc que dans aucun pays de l'Afrique. Avec leur concours il reste puissant, même là où ses armes ont été impuissantes. S'il a ces ordres contre lui, il court un risque sérieux d'être bientôt détrôné par quelque compétiteur qui, mieux avisé que lui, n'aura pas dédaigné un appui aussi efficace.

Le Maroc n'est cependant pas exclusivement aux mains de ces ordres. Les sultans y savent fort bien opposer les unes aux autres les influences de tous ces ordres, toujours rivaux entre eux. Diviser pour régner est la formule des gouvernements d'Orient, et elle est aussi sage que puissante.

D'ailleurs, par sa naissance, par son éducation religieuse, par la dévotion dont il doit donner l'exemple, le sultan est à même de s'élever au-dessus d'accusations maladroites et insuffisamment fondées. Dans l'exercice de son autorité, il a soin de lui donner, à l'égard des ordres religieux, la forme de la plus respectueuse protection.

Nous ne nous arrêterons pas à une fastidieuse énumération des ordres dont le berceau existe au Maroc. Ajoutons seulement que ces ordres sont absolument analogues dans leur constitution à ceux de la religion catholique. Le mot marabout (en arabe *mrabot)* veut dire *lié :* c'est donc le correspondant de celui de religieux (*religare*). Le marabout est lié à une œuvre pie par un vœu qui l'affilie. Il doit obéir aveuglément aux chefs de l'ordre qui résident parfois loin de lui, mais dont le prestige gagne alors aux yeux des masses en raison de la distance.

L'action de ces marabouts est loin d'être désordonnée; si leurs chefs leur impriment l'ensemble dans l'action, les règles de l'ordre maintiennent l'esprit de suite dans les ordres des chefs.

Dans nos relations avec le Maroc, nous ne devons jamais perdre de vue l'influence des ordres religieux dans ce pays. Elle peut s'exercer sur le souverain comme elle peut aussi avoir une répercussion sur les musulmans soumis à notre autorité.

Dans un conflit armé, elle pourrait non seulement augmenter la résistance contre nous au Maroc, mais encore nous susciter de graves difficultés en Algérie.

Terminons cet aperçu par quelques mots au sujet des juifs marocains. On n'en rencontre que très exceptionnellement dans quelques tribus ; ils n'en font pas alors partie intégrante ; ils restent des étrangers. Mais les juifs sont très nombreux dans les villes.

Dans quelques ports de l'océan, ils constituent la moitié et davantage de la population.

De prime abord, au milieu de tous ces musulmans farouches, l'existence de juifs paraît problématique. Cependant ils savent se faire accepter, mais ils vivent dans une sorte de servage. Ils sont exclus des fonctions publiques; ils tiennent au contraire presque tout le commerce partout où on tolère leur présence.

Ils n'exercent que très peu de métiers : ce sont ceux

de bijoutiers, de brodeurs, de tailleurs, de ferblantiers, etc.

Il leur est interdit de posséder et de porter des armes et de monter à cheval. S'ils usent d'un mulet ou d'un âne comme monture, dans certaines régions, ils doivent en descendre à l'approche d'un musulman de marque ou bien encore à l'entrée de certaines villes.

Ils sont astreints à un costume spécial composé avec des étoffes de couleur sombre,et qui seront serrées à l'aide d'une ceinture de cuir, caractéristique de leur servage. Ils ne peuvent porter le turban réservé aux musulmans.

Malgré toutes ces avanies, les juifs font beaucoup d'affaires, et même des affaires fructueuses ; ils ne sont pas journellement pillés, comme on pourrait le supposer, et souvent, quand ils ont amassé une certaine fortune, ils viennent en jouir en Algérie sous la protection de nos lois. Aussi sont-ils nombreux dans la province d'Oran.

Au Maroc, c'est la protection de puissants Marocains qu'ils achètent, et ils savent toujours en trouver.

IX

GÉOGRAPHIE MILITAIRE DU MAROC

Le Maroc est actuellement voué à la défensive ; la configuration de ses frontières et de ses côtes est donc intéressante à étudier.

Seule, la France a des frontières communes avec cet empire. Les limites étroites qui enserrent les *presidios* espagnols ne peuvent compter comme frontières. Pour apprécier la frontière franco-marocaine, il faut admettre l'hypothèse d'une guerre avec nos voisins; nous préciserons cette hypothèse en supposant de plus que les hostilités sont limitées à la frontière terrestre. En effet, les côtes océaniennes du Maroc sont parsemées de comptoirs européens, et porter les hostilités de ce côté ce serait motiver une intervention européenne. Nous pourrons évidemment faire sur l'océan quelques démonstrations navales, opérer même le bombardement d'un ou de plusieurs ports dans des conditiones spéciales ; mais nous pouvons avoir raison du Maroc sans recourir à l'action navale et en opérant exclusivement par terre.

Notre premier acte devra être l'occupation de Figuig. Nous avons démontré combien cela serait facile pour nous ; il y a là un gage à saisir et à garder ensuite comme compensation des dépenses occasionnées par la guerre. Cette occupation devra être dirigée avec une rapidité foudroyante, afin de frapper le moral de l'ennemi. Il faut donc la préparer dès le temps de paix.

Il faudra ne pas renouveler Zaatcha en 1849, ni même

Aïn-Chaïr en 1870 ; l'action de l'artillerie sera indispensable ; elle apprendra à nos adversaires que derrière des murs il leur sera impossible de résister à nos troupes, et qu'en le tentant ils iront droit à une épouvantable destruction. Il ne s'agit pas d'amener devant Figuig de l'artillerie de siège ; un petit nombre de pièces de campagne suffira, si elles sont très abondamment pourvues de munitions. Le mécanisme des fusées des projectiles devra être spécialement réglé pour provoquer l'écroulement des murs en pisé des ksour sous le choc des obus. C'est un détail à étudier préalablement et non au moment du siège. Le chemin de fer d'Aïn-Sefra donnera de précieuses facilités pour amener le matériel nécessaire. L'infanterie devra être tenue à l'écart pendant le déploiement de la puissance de l'artillerie et ne pas être jetée dans un assaut intempestif. L'ennemi serait trop heureux de trouver dans une lutte désespérée contre nos fantassins l'occasion de se venger de l'écrasement matériel qu'il sera forcé de subir. Dans ces conditions, le bombardement de Figuig aura un énorme retentissement dans le Maroc, et nous recueillerons ensuite, même sur les champs de bataille, les fruits de la dépression morale qu'il aura produite sur nos ennemis.

Le sultan de Fez ne fera rien pour s'opposer à la prise de l'oasis; il réservera certainement ses forces, assez difficiles à concentrer, pour nous les opposer sur le chemin de sa capitale. Le coup de force sur Figuig ayant été exécuté, nous n'aurons plus rien à faire dans la région voisine : ce serait folie d'aller au Tafilelt quand le résultat décisif ne peut être obtenu que sur la route de Fez ; il ne serait pas moins illogique de disperser nos forces en leur assignant plusieurs objectifs très secondaires. L'offensive devra donc être reprise dans le Tell du côté d'Ouchda.

Il faudra s'emparer de cette petite ville aussi rapidement que de Figuig. Elle n'est qu'à 25 kilomètres environ de notre poste de Lalla-Marnia. Le matériel d'artillerie nécessaire pour la prise sera réuni dans ce poste.

Nous connaissons bien Ouchda ; la ville n'est pas défendable contre de l'artillerie, et surtout de l'artillerie de campagne, qu'il sera facile d'amener de Lalla-Marnia. Cependant on ne devra se présenter sous ses murs qu'avec les munitions suffisantes pour briser même une résistance impossible.

Ouchda doit nous servir de tête des étapes de guerre en vue d'une marche sur Fez. On y mettra garnison ; on y accumulera des approvisionnements de toute sorte ; on y installera des ambulances. L'enceinte étant très étroite, on y accolera une grande redoute pour y placer une partie des magasins.

D'Ouchda à Fez il y a 330 kilomètres en passant par la petite ville de Taza, qui se trouve à 130 kilomètres de cette capitale et à l'ouest non seulement de la Moulouïa, mais encore de la chaîne de l'Atlas, qui sert de limite géographique au Maroc. Elle compte de 5 à 6.000 habitants, dont la moitié de juifs ; elle est très commerçante. Elle nous servirait éventuellement de base plus immédiate contre Fez.

La route d'Ouchda à Taza peut se diviser en deux sections, situées de part et d'autre de la Moulouïa. Les étapes de la première section sont : l'Isly, à 8 kilomètres; Kasba-bou-Ismael sur l'oued Za, 45 kilomètres; la Moulouïa 35 kilomètres; total, 128 kilomètres. En serrant de plus près les montagnes au sud de la route on peut trouver plus souvent de l'eau et scinder les étapes; une forte colonne devra dans ce cas marcher en plusieurs échelons.

Sur la Moulouïa, il y aura lieu d'établir, si la saison est pluvieuse, un pont de chevalets, afin d'être assuré du passage en tout temps, malgré les crues. Une redoute double à construire servira de tête de pont.

Au delà de la Moulouïa, le pays est encore plus désert et plus aride que sur la rive droite. La première étape sera à la Kasba de l'oued Msom, affluent de gauche de la Moulouïa ; distance : 35 kilomètres.

De là, le chemin suit une vallée pendant une quinzaine de kilomètres, puis il s'élève sur les pentes de l'Atlas et aborde le col de Tamalou, dont l'altitude a été évaluée de 700 à 1.000 mètres. C'est là que passe la ligne de partage des eaux de la Moulouïa, c'est-à-dire de la Méditerranée et de celles de l'océan Atlantique, qui s'y déversent par le fleuve Sebou. En résumé, le pays entre notre frontière algérienne et la crête de l'Atlas n'a rien d'attrayant. Sa possession n'est pas enviable par nous; il serait même difficilement colonisable. Il paraît n'avoir jamais été bien peuplé, mais il a toujours servi de passage aux armées conquérantes venant de l'Est ; elles n'ont jamais passé ailleurs ; ce qui démontre qu'ailleurs de grands travaux rendraient seuls le passage facile.

Taza est à 20 kilomètres à l'ouest du col; elle en commande le débouché. Son nom veut dire, en berbère, porte ou ouverture. Entre le col et la ville, le pays est très accidenté, et toute cette région est habitée par des tribus guerrières, turbulentes et pillardes ; elles reconnaissent imparfaitement l'autorité du caïd que le sultan entretient à Taza. Au delà de Taza et vers Fez, le terrain ne cesse d'être accidenté, mais le sol est fertile et la population assez dense.

Le sultan nous opposerait certainement de la résistance au col de Tamalou, si ce n'est déjà sur les bords de la Moulouïa ; ses troupes seraient renforcées par de nombreux guerriers des tribus voisines.

D'Ouchda à Taza nous avons signalé plusieurs kasba. Elles furent élevées par des sultans aussi puissants que soucieux du développement du commerce et de la sécurité des relations. Ce sont des caravansérails fortifiés ; ils furent occupés jadis par des détachements de soldats du sultan ou encore par des guerriers des tribus voisines que le sultan soldait pour faire la police. Il existe des kasba non seulement entre Ouchda et Taza, mais aussi de Taza à Fez, et encore de cette dernière ville à Mrakech (Maroc).

Beaucoup de ces kasba sont actuellement sans garnisons. En cas d'invasion nous pourrions facilement les transformer en gîtes d'étapes fortifiés pour la garde de nos communications avec l'Algérie.

Il est fort possible qu'en cas de guerre contre le Maroc nous soyons obligés de chercher la paix jusque devant les murs de Fez ; mais il est certain que la chute de cette capitale, restée inviolée par les chrétiens depuis sa fondation, aurait alors un retentissement considérable dans le Maroc ; elle pourrait provoquer des révoltes dans certaines parties de l'empire ; le sultan pourrait se voir taxé d'incapacité ; des compétiteurs pourraient surgir dans sa famille. Ce serait donc une grosse partie qu'il jouerait s'il nous laissait arriver jusque-là. Le sultan Abd-er-Rahman le comprit bien en 1844.

Fez est le centre politique, religieux et intellectuel du Maroc ; les deux autres capitales n'ont guère de prestige. On se demande pourquoi Idris a choisi un emplacement aussi peu convenable que Fez. C'est une ville malsaine ; l'eau y est très mauvaise ; ceux qui veulent en boire de potable sont obligés de la faire apporter du fleuve Sebou, qui coule à 4 kilomères de la ville. On évalue la population de Fez à 100.000 habitants, mais ce chiffre paraît exagéré. Le palais du sultan est distinct de la ville ; il est fortifié comme celle-ci ; toutefois ses murs ne résisteraient certainement pas à l'artillerie moderne. La défense par les Marocains ne disposerait que de pièces très anciennes et de calibres dépareillés; elles manquent presque toutes de bons affûts et même beaucoup en sont privées; il serait difficile d'en improviser.

Le service de notre artillerie n'éprouverait pas de grandes difficultés dans sa lutte contre l'artillerie marocaine; mais la configuration du terrain, à partir du col de Tamalou, opposerait de sérieux obstacles aux transports.

Meknès, la deuxième capitale du Maroc, est située à deux journées de marche au sud-ouest de Fez. La population n'est évaluée qu'à 20.000 habitants, presque tous familles de soldats colonisés depuis longtemps dans la ville et le pays environnant. Sa citadelle est la plus importante de l'Empire; ses murs sont construits non en pisé, mais à chaux et à sable. Dans certains endroits, ils auraient jusqu'à 9 mètres d'épaisseur : ce point est à vérifier. Il est très probable que, si nous allions jusquelà, nous rencontrerions une résistance des plus sérieuses. Le pays environnant est peuplé de soldats colonisés.

Passons aux frontières maritimes, en commençant par celles de la Méditerranée. Les côtes sont habitées par des peuples peu ou point soumis au sultan. Sauvages, turbulents, ils se sont de tout temps livrés à la piraterie. Ils considèrent comme leur propriété légitime tout navire naufragé sur leurs côtes; ils en réduisaient autrefois l'équipage à l'esclavage; aujourd'hui, ils cherchent à en tirer rançon sous divers prétextes.

Les Espagnols occupent quelques enclaves fortifiées (présidios); mais ces forteresses n'ont aucune action sur les tribus environnantes.

On donne particulièrement le nom de Riff à la région montagneuse et côtière s'étendant depuis Tétouan jusqu'à la chaîne principale de l'Atlas qui aboutit au cap Tres-Forcas, et le nom de Kebdana à la partie de cette région qui se prolonge vers l'Est, jusqu'à la Moulouïa.

Toute cette région forme un dédale de montagnes s'élevant jusqu'à 1.500 mètres d'altitude, enserrant d'étroites vallées qui n'ont entre elles que des communications difficiles. Les pentes des montagnes sont généralement escarpées. A hauteur de Fez, ce massif a 120 kilomètres de largeur ; celle-ci va en diminuant vers l'Ouest jusqu'à la ville marocaine de Tétouan. Ces montagnes tombent à pic sur la mer et forment autant de caps, qui sont entourés de nombreux récifs. Entre les caps se développent des plages étroites et sablonneuses au milieu desquelles débouchent des torrents, sans eau en été. Le fond de la mer, tout le long de ces plages, ne permet aux navires de s'en approcher qu'à une distance qui rend le débarquement généralement difficile. Cette côte est donc inhospitalière aux navires, autant par sa configuration que par les mœurs des habitants.

Les présides espagnols de Peñon de Vélez et d'Alhucemas sont absolument sans importance. Melilla et les îles Zafarines ont été appréciés dans les premières pages de cette étude. Ceuta, en face de Gibraltar, offre la meilleure rade de toute la côte ; mais, outre qu'elle n'est pas abritée du Nord-Est, elle n'a pas une étendue suffisante pour en faire le refuge assuré d'une flotte importante.

Ceuta et Gibraltar gardent de part et d'autre l'entrée de la Méditerranée. Ceuta est enclavé dans le Maroc comme Gibraltar l'est dans l'Espagne. Gibraltar, comme Malte, Suez (au pouvoir des Anglais, quoique nominalement égyptien), Aden, Colombo, Singapoor sont les anneaux de la chaîne qui relie aux îles Britanniques les Indes et l'Extrême-Orient, et donne, dans cette dernière région, à l'Angleterre une redoutable prépondérance sur les autres nations européennes, la Russie exceptée.

Pous ne pas voir cette chaîne interrompue dans la Méditerrannée, l'Angleterre a besoin d'occuper au moins l'une des deux forteresses qui commandent l'entrée de cette mer.

Gibraltar ne remplit plus aussi bien qu'autrefois son rôle de clef de la Méditerranée. La ville est bâtie au pied d'un rocher escarpé, qui n'occupe que le quart d'une demi-circonférence, dont le reste est en territoire espagnol. Cette demi-circonférence constitue une baie ouverte du côté du détroit. Il n'y a pas de port à Gibraltar, mais des quais seulement. La flotte ancrée devant eux peut être soutenue par les feux supérieurs des batteries casematées, dont le rocher est comme farci, feux qui doivent passer par-dessus les navires. Autrefois, une flotte, attaquant celle de l'Angleterre embossée le long des quais de Gibraltar, était exposée à deux étages de feux au moins. Nous imaginâmes, à cette époque, de renforcer notre attaque par l'emploi de batteries flottantes, mais l'installation défectueuse de ces engins, alors nouveaux, fit échouer la tentative.

La portée considérable des canons de côte modernes a beaucoup modifié cet état de choses; la flotte anglaise ne serait plus à l'abri des batteries à longue portée, établies sur le territoire espagnol. Si les progrès de l'artillerie continuent, l'Angleterre se verra obligée ou d'arracher de vive force à l'Espagne tout le pays entourant la baie ou d'évacuer Gibraltar et de chercher à Ceuta son équivalent. On a proposé de reporter à l'est du rocher de Gibraltar tous les établissements maritimes de la place et même les endroits réservés au mouillage des vaisseaux; cette solution est presque impossible, car la flotte ne se trouverait plus à l'abri des tempêtes du Nord-Est, très dangereuses dans ces parages, et la construction d'un vaste port en eau profonde coûterait des sommes incalculables.

De là l'idée d'échanger Ceuta contre Gibraltar. Le sol espagnol serait délivré de la présence des Anglais. Mais à Ceuta, il faudrait créer aussi un port, toutefois à moindres frais ; il faudrait aussi entourer la place de forts détachés qui lui font aujourd'hui absolument défaut. Ce serait un pied mis par l'Angleterre sur le sol marocain et ce fait devrait éveiller toute notre attention.

Le Maroc n'a pas beaucoup à craindre d'une invasion espagnole partant des côtes de la Méditerranée. Cette opération ne pourrait être dirigée que par la vallée de l'oued Kert, en partant de Melilla. Elle exigerait des forces considérables, pour garantir sa ligne de communication contre les attaques des Riffains, qui habitent à l'est et à l'ouest de la vallée. Notre ligne d'invasion par Ouchda et Taza est plus longue que celle de l'oued Kert, mais elle est bien plus facile à garder.

Ceuta a servi à l'Espagne de base d'opérations contre le Maroc, en 1860 ; mais l'invasion ne put déboucher au delà de Tétouan, parce qu'elle se heurtait à la partie la plus peuplée du Riff, et non la moins difficile comme parcours. Il aurait donc fallu de Ceuta se rabattre sur Tanger ; mais l'Angleterre s'y opposait.

La ville de Tanger a le meilleur port du Maroc ; c'est la ville la plus commerçante et celle qui offre le plus de ressources. Sa rade est assez sûre. Sous les Carthaginois, les Romains et les Byzantins, Tanger fut la capitale de la Mauritanie dite tingitane. Les Portugais s'en emparèrent en 1471, et la cédèrent peu après aux Anglais, qui s'y maintinrent jusqu'à 1684, et qui l'abandonnèrent parce qu'elle était constamment bloquée par les Marocains. A cette époque, le pavillon britannique n'occupait pas encore, dans la Méditerranée, la place actuelle.

Depuis longtemps, Fez avait remplacé Tanger comme capitale ; cette dernière ville avait été considérée par les Arabes comme trop exposée aux attaques des Européens

pour rester la résidence du souverain ; toutefois, elle n'a
perdu, pour cela, de son importance sous aucun rapport.

Tanger n'a pas de communications absolument direc-
tes avec Fez; la route suivie actuellement longe le lit-
toral océanien afin d'éviter le voisinage du Riff. Bien
qu'il faille ainsi traverser un certain nombre de cours
d'eau, ceux-ci ne présentent de difficultés de passage
que pendant les grandes pluies et pendant un nombre restreint d'heures. La route passe l'oued Khoss à Ksar-el-
Kebir. Ce cours d'eau est le plus considérable de la région ; on le passe, toutefois, généralement à gué ; la ville
compte 12.500 habitants et possède un marché important. On a laissé, chemin faisant, à l'Ouest, le port, ensablé aujourd'hui, d'Arzila; à l'embouchure de l'oued
Khoss, se trouve le port assez fréquenté d'El-Araïch
(*vulgo* Larache). L'estuaire de la rivière n'est praticable
que pour de petits navires parce qu'on y rencontre une
barre; la rade est peu abritée. Depuis le cap Spartel,
près de Tanger et jusqu'au port de Rbat, dont nous parlerons ultérieurement, la côte ne se compose que de dunes s'étendant suivant une ligne rigoureusement droite.
On fréquente le port d'El-Araïch parce qu'il est le plus
rapproché de Fez. Cette capitale est à 240 kilomètres de
Tanger, à 170 kilomètres d'El-Araïch et à 210 de Rbat.
La route à prendre remonte l'oued Khoss, d'El-Araïch
jusqu'à Ksar-el-Kebir et, de là, deux routes conduisent
à Fez. L'une, suivie par les voyageurs isolés, les petites
caravanes et les ambassadeurs, descend vers le fleuve
Sebou, qu'on traverse à gué ou sur des radeaux au lieu
dit Msaïda, à 100 kilomètres de l'embouchure du fleuve.
On remonte ensuite sur la rive gauche par la plaine des
Beni-Ahssen, région marécageuse, et où la marche devient très pénible après une pluie quelque peu abondante. On n'arrive dans les montagnes qu'à peu de dis-

tance de Fez; le terrain offre alors quelques difficultés
à cause des pentes rapides.

La deuxième route est beaucoup plus directe; mais
elle est exposée aux brigandages des Riffains; on n'y
passe qu'en bon nombre et bien armé.

En sortant de Ksar-el-Kebir, cette route prend la direction Sud-Est, passe non loin de la ville d'Ouazzan,
dont les chérifs ont une grande influence au Maroc et
jusqu'en Algérie. Elle traverse ensuite un pays assez accidenté, offrant plusieurs bonnes positions défensives,
dont les Marocains profiteraient vraisemblablement contre une invasion, et elle arrive sur le fleuve Sebou, au
gué d'Hadjra, beaucoup plus commode que celui de la
première route, car il est à près de 300 kilomètres de
l'embouchure. De là à Fez, la route ne présente plus
de difficultés notables; on remonte la rive gauche du
fleuve.

Le fleuve Sebou (Subur des Romains) est le plus considérable du Maroc. Il descend du massif si remarquable
du djebel Aïachi, dans le grand Atlas; son cours a 600
kilomètres de longueur, dont la moitié seulement en
montagne. Au-dessous du gué d'Hadjra le fleuve perd,
en temps ordinaire, son caractère torrentueux; sa pente
devient faible. Il n'offre aucun gué jusqu'à 60 kilomètres
en amont de son embouchure, mais il reste encore navigable sur 160 kilomètres en amont de celle-ci. Sur cette
étendue, on ne rencontre que quatre gués, praticables
seulement par les plus basses eaux. Le plus souvent, le
passage a donc lieu sur des barques ou sur de simples
radeaux construits par les indigènes. En hiver surtout,
le fleuve serait, jusqu'assez près de Fez, navigable pour
des canonnières, ou, en général, de petits vapeurs ayant
un faible tirant d'eau et qui pourraient remorquer des
barques à fond plat ou des radeaux. Cette particularité
fait du fleuve la voie la plus commode pour une armée

d'invasion ayant à sa disposition un matériel fluvial analogue à celui que nous avons employé à Madagascar.

Toutefois, le Sebou finit dans l'Océan par un chenal assez étroit dont l'accès est encore plus difficile que celui de l'oued Khoss, cité plus haut. Près de son estuaire se trouve Méhédia, petite ville en ruines. Tout ce pays fut prospère et peuplé, il y a quatre siècles. Peut-être, par une manœuvre habituelle aux Orientaux, les Marocains exagèrent-ils aux yeux des Européens les difficultés actuelles de l'estuaire du Sebou, afin de ne pas leur indiquer une voie trop facile pour aller à Fez. Autrefois, Méhédia a été occupée par les Portugais et les Espagnols et à proximité se remarquent les ruines d'une cité encore plus considérable. Il y aurait-là une reconnaissance du fleuve à faire.

Au sud de l'estuaire du Sebou, les dunes de la côte font place à des falaises dont les lignes sinueuses constituent des criques qui servaient autrefois d'embuscades aux corsaires très nombreux dans ces parages. Ils avaient deux repaires : Salé et Rbat, qui sont particulièrement connus. L'oued Bou-Regreg se jette dans la mer entre ces deux ports. Bien que ce dernier cours d'eau sorte du même massif que le fleuve Sebou et corresponde à un bassin considérable, il cesse déjà d'être navigable à 10 kilomètres en amont de son embouchure.

Actuellement la population totale des ports de Salé et de Rbat est évaluée à 30.000 âmes; ces ports cessent de plus en plus d'être fréquentés, parce qu'il n'est fait aucun travail pour les maintenir en état convenable.

Bien que Rbat soit assez rapproché de Fez, le chemin à suivre est mal commode à cause des marécages de la plaine des Beni-Ahssen.

Donc, El-Araïch doit lui être préféré aujourd'hui.

A partir de Rbat et vers le sud, on est dans l'ancien

royaume de Maroc (Mrakech) ; c'est donc cette dernière ville qui devient forcément l'objectif de l'attaque dans cette région : or, la chute de Mrakech n'entraînerait aucunement ni celle de Fez, ni la fin de la guerre par impossibilité de la continuer.

Mrakech (Maroc) a été fondé en 1070, du temps des Almoravides ; elle est en plaine, entourée de jardins de palmiers ; l'eau y est excellente ; le climat est sain. La population en est évaluée à 50.000 âmes. La ville est entourée de murs et munie d'une grande citadelle (kasba) où se trouve le palais royal. Le sultan actuel paraît préférer le séjour de Mrakech à celui de Fez ; mais il est obligé de revenir souvent dans cette dernière capitale, à cause des complications qui surgissent constamment dans le nord de son empire.

Trois routes relient Mrakech à la côte ; elles traversent un pays fertile, habité par des tribus laborieuses ; il présenterait, par conséquent, de nombreuses ressources. Des kasbas, élevées par la sollicitude des sultans, jalonnent presque tous ces parcours.

Sur la côte de cette région, nous trouvons les ports suivants :

Casablanca (pour les Européens, Dar-el-Beida pour les Marocains), assez bon port, tient au Maroc le premier rang après Tanger, à cause du grand commerce qui s'y fait, grâce au travail des populations voisines ;

Azemmour, port aujourd'hui ensablé et ruiné ;

Mazaghan, assez bon port dans une baie spacieuse, a supplanté Azemmour dans son commerce ;

Saffi (Asfi pour les Marocains), rade ouverte à l'Ouest et dangereuse par les mauvais temps, a l'avantage d'être le point de la côte le plus rapproché de Mrakech ;

Et, enfin, Mogador, la rade la plus sûre du Maroc après celle de Tanger ; protégé en mer par un îlot rocheux, jadis muni de batteries ; a été bombardé par notre flotte en 1844. Population de 12.000 habitants, dont 7.000 juifs. La sécurité que rencontrent les navires dans ce port en a fait le débouché du commerce avec Mrakech, bien que ce point en soit plus éloigné que Safi (225 kilomètres contre 160). La route est aussi beaucoup plus accidentée.

Au cap Guir, à 100 kilomètres au sud de Mogador, se termine la côte du Maroc proprement dite. A ce pays succède ensuite celui de Sous, de forme triangulaire très allongée, arrosé par la rivière du même nom et entouré par les deux branches de l'Atlas, déjà signalées. Ces montagnes sont difficiles à traverser, celle du Nord principalement.

Le Sous, chef-lieu Taroudant, est un pays plus berbère qu'arabe; le sultan est obligé d'y faire des expédtions périodiques, afin de percevoir l'impôt. C'est une annexe de l'empire du Maroc; mais il serait irrationnel d'en faire une base contre cet empire, parce que les communications entre ces deux pays sont très difficiles. On ne pourrait en déboucher qu'à la condition d'avoir d'abord occupé le Sous très solidement, malgré le caractère turbulent de sa population.

Sur la côte, le Sous n'offre qu'un point de débarquement : c'est Agadir, près de l'embouchure de l'oued Sous. La rade est bien abritée. Agadir était le point de départ de caravanes allant au Soudan; mais, comme aujourd'hui le commerce des esclaves est à peu près aboli et qu'il jouait un très grand rôle dans les échanges, la rade est délaissée.

C'est au sud d'Agadir, vers l'embouchure de l'oued Noun, que l'Espagne a fait des recherches pour trouver le port de Santa-Cruz-de-Mar Pequeña, qui lui avait été solennellement cédé par le traité de 1860 avec le Maroc. Les diplomates marocains sont, à l'occasion, des pincesans-rire de la gravité desquels les Européens doivent se méfier. Les Espagnols montrèrent, de leur côté, beaucoup de légèreté en faisant figurer dans un document diplomatique un port dont le nom était inconnu des Marocains, mais de l'existence duquel ceux-ci doutaient certainement. Pendant 40 ans, on a été à la recherche de ce port introuvable.

L'estuaire de l'oued Noun pourrait, à la rigueur, servir de débarcadère, mais l'existence d'une barre et le manque d'abri contre le gros temps le rendrait très précaire. Un peu en amont se trouve la petite ville d'Aouguelmin, que le sultan fit réoccuper par une garnison, à la suite de son expédition de 1886. Il soupçonnait l'Espagne de vouloir établir sa suprématie sur toute la côte africaine en face des îles Canaries, de l'oued Noun, jusqu'au cap Bojador. Plus au sud du cap Bojador et jusqu'au cap Blanc, l'Espagne possède déjà nominalement toute la côte africaine, sous le nom de Rio-de-Oro (fleuve d'or), vocable difficile à justifier.

Nous avons même récemment ajouté à cette possession une centaine de kilomètres de dunes que nous avons amiablement cédées à l'Espagne.

En 1895, le sultan, inquiet, s'est fait reconnaître par l'Angleterre la possession de la côte de l'oued Noun jusqu'au cap Bojador, de façon à couper court à toutes les prétentions de l'Espagne ; mais, en même temps, le sultan accordait un droit de préemption éventuelle à l'Angleterre, ce qui dénote les convoitises de cette dernière puissance. Le commerce anglais fait sur cette côte aux populations berbères de nombreuses ventes d'armes et de poudre, qui sont destinées tant aux sujets révoltés contre le sultan de Fez qu'aux gens du Tafilelt et aux Touareg.

Le gouvernement marocain voudrait empêcher ce commerce ou tout au moins le soumettre à son contrôle. Aussi, en 1898, fit-il saisir sur la côte en question plusieurs agents anglais, trafiquants d'armes et de poudre, et il les fit conduire à Tanger devant le consul d'Angleterre, sous prévention de contrebande de guerre. Le directeur de ce commerce, *un major anglais*, comparut devant le jury à Gibraltar; mais il fut acquitté. Cette affaire démontra que, sur la côte de Sous, comme ailleurs, les commerçants anglais marchent à l'avant-garde des régiments de leur nation et que les expéditions militaires de la Grande-Bretagne sont généralement précédées d'opérations commerciales d'un genre spécial, dont le but, plus ou moins éloigné, est une conquête ou un protectorat tout au moins.

Toute occupation de port marocain au nord de Rbat sera toujours dangereuse pour le Maroc; mais au sud de Rbat, elle ne pourrait que viser que Mrakech; elle pourrait avoir pour but la reconstitution de l'ancien royaume de ce nom, sous un protectorat européen. A ce titre, une telle entreprise nous serait préjudiciable. En effet, en se servant, comme base, de cet ancien royaume, on pourrait conquérir le Tafilelt, et nous nous trouverions avoir dans le sud-ouest algérien des voisins peut-être gênants plus tard. Nous devons donc nous efforcer de maintenir la suprématie du sultan de Fez sur le sud de son empire, au moins autant que vers le nord; mais si une nation européenne voulait mettre à merci le Maroc entier, ce sera toujours contre Fez qu'elle devra opérer.

Nous venons d'étudier toutes les routes à suivre, leurs avantages, leurs inconvénients. Un seul point très important reste à éclaircir, c'est le degré de navigabilité du fleuve Sebou.

X

L'ARMÉE MAROCAINE

L'armée du sultan est constituée d'éléments aussi disparates que le sont ses sujets. Elle se recrute d'ailleurs par des procédés divers.

Il y a d'abord les tribus *maghzen*, qui sont au Maroc d'anciennes colonies militaires. Les hommes valides y doivent le service militaire de père en fils ; ils sont tous, en tout temps, à la disposition du sultan. Leurs ancêtres reçurent autrefois, en échange des obligations qu'ils contractèrent, des terres à cultiver, mais seulement à titre d'usufruit. Aujourd'hui, ces colons militaires se transmettent ces terres héréditairement ; ils se soumettent, du reste, aux anciens contrats ; de plus, ils sont exempts d'impôt et, dans certains cas, ils reçoivent même une solde.

Les tribus maghzen sont les suivantes :

1° « Les Abid-Bou-Khari, la plus renommée de toutes. Le sultan Muley-Ismal organisa ce corps vers 1700, avec des esclaves nègres achetés au Soudan. Leur premier chef, le marabout Bou-Khari, en fit de fervents musulmans et d'intrépides cavaliers. Le nombre de ces nègres augmenta rapidement, soit par des convois venant du Soudan, soit surtout à la suite de leurs unions avec des négresses importées dans ce but spécial.

Ces esclaves, arrivés le carcan au cou, prirent rapidement le sentiment de leur valeur militaire et devinrent tellement arrogants qu'à la mort d'un sultan ils interve-

naient dans le choix du successeur au trône; ils jouè-
rent le même rôle que les janissaires à Constantinople.
Leur nombre ayant atteint le chiffre de 50.000, les sultans durent opposer à leurs exigences d'autres maghzen
qu'ils avaient organisés ensuite avec des élémens marocains. Les Abid, bien déchus de leur ancienne puissance,
ne sont plus que 6.000 combattants; ils sont cantonnés
à Meknès et dans les environs. Ils sont toujours considérés comme esclaves du sultan; mais cela ne les empêche
pas de devenir officiers supérieurs dans l'armée, dont ils
constituent un corps d'élite. Pour services exceptionnels,
ils peuvent individuellement être affranchis.

2° « Cinq autres tribus maghzen, toutes d'origine marocaine. Ce furent d'abord de petits groupes de cavaliers
recrutés dans certaines régions, le Sous, notamment. Les
sultans les tirèrent de leur pays natal pour les réunir en tribus maghzen, cantonnées au milieu d'autres
tribus, qu'elles étaient chargées de contenir dans le devoir. Toutes ces colonies sont placées dans le bassin du
fleuve Sebou, à proximité des deux capitales, Fez et
Meknès. Elles ont rendu de grands services aux sultans
qui les ont récompensées avec des privilèges analogues à
ceux des Abid et avec l'intention de les opposer à ceux-
ci éventuellement. Ces Marocains, n'ayant jamais été esclaves, peuvent arriver aux plus hautes dignités. Toutefois, pendant le siècle qui vient de se terminer, ils devinrent à leur tour insupportables par leur arrogance, et
plusieurs de leurs groupes proclamèrent..... la République, en 1830. Maîtres de Fez, ils y furent assiégés par le
sultan, aidé par les Abid et d'autres contingents, et ils
durent capituler. Actuellement, ces tribus remplissent·
avec fidélité les clauses du contrat auquel elles doivent
leur organisation.

Toutes les tribus maghzen fournissent chacune en permanence un détachement composé principalement de ca-

valiers et qui reste sous les armes à Fez ou dans les environs. Ces *mokraznia* sont relevés périodiquement, et ils reçoivent une solde pendant le temps qu'ils passent en activité hors de leurs territoires.

C'est parmi les tribus maghzen que se recrute la garde du corps spéciale du sultan. Elle est sous les ordres directs du *kaïd el-Mechouar*, littéralement le commandant du palais. Celui qui remplit actuellement ces fonctions est un renégat, anglais de naissance, qui a su prendre une grande influence sur le souverain. L'effectif de cette garde du corps est de 1.000 hommes. Le plus grand nombre, sous le nom de *mechouari*, fait le service à pied ou à cheval dans la partie du palais dont l'entrée est publique, le *mechouar*, par opposition avec le harem. Il y a, en outre, les *Mechkin*, courriers de confiance portant les ordres du sultan aux divers gouverneurs de provinces et les *Ferredji*, qui constituent en campagne un corps de guides d'état-major.

La cavalerie des maghzen est armée d'un fusil rayé européen, avec baïonnette, et d'un sabre ; elle est considérée comme régulière ; en se mobilisant, elle reçoit dans ses rangs presque tous les hommes valides de ces tribus ; ceux qui ne possèdent pas de cheval sont tenus de servir, au besoin, à pied.

En outre de cette cavalerie, tous les fonctionnaires administrant pour le sultan une circonscription territoriale plus ou moins étendue sous le titre de pacha, de kaïd ou d'amal, ont à leur disposition et près d'eux un détachement de *cavalerie locale* qui prend la dénomination de maghzen de tel pacha, etc. Ces cavaliers sont eux-mêmes des fonctionnaires presque inamovibles ; car, comme première rémunération, ils détiennent de père en fils un lot de terres qu'ils cultivent ou qu'ils font cultiver par des fermiers, mais qu'ils se transmettent héréditairement. La force de ces détachements varie de 25 à

100 hommes et parfois davantage. Chaque famille ainsi privilégiée ne fournit habituellement qu'un homme au maghzen; mais, en cas de guerre, tous les hommes valides de la famille peuvent être requis de se mobiliser soit à cheval, soit à pied.

En temps ordinaire, le membre de la famille qui fait effectivement le service près d'un gouverneur, reçoit de lui une solde. Ces militaires font le service de gendarmes; l'un d'eux est même bourreau; ils portent aussi dans les tribus les ordres du sultan parvenus à leur gouverneur. Ils font, en outre, d'autres services payés, qui rendent leurs fonctions lucratives. Ainsi, ils accompagnent les collecteurs d'impôts ou d'amendes : ce qui leur permet de faire des transactions où ils trouvent des bénéfices. Ils escortent les caravanes de marchands et même les voyageurs isolés, qui leur doivent rétribution; ce service se paie à raison de cinq francs par jour. Tous ces détachements locaux peuvent, en temps de guerre, envoyer chacun un contingent au sultan sans que le service ordinaire puisse en souffrir; car, alors, tous les membres valides des familles maghzen sont sous les armes.

Le sultan convoque aussi généralement pour faire expédition sous ses ordres une partie plus ou moins forte des hommes valides et possédant des armes levés dans certaines tribus voisines du théâtre de l'expédition.

Rien de tout cela n'est fixé en permanence. La levée se fait en tenant compte de la fidélité de la tribu requise et aussi de son habitude des armes; car chacun des hommes requis doit être muni, à ses frais, d'un fusil, de la poudre en quantité suffisante et généralement d'un cheval; les contingents requis sont surtout de cavalerie.

Contre les chrétiens et après un appel à la guerre sainte, prêché partout par les marabouts, ces contingents apporteraient un notable surcroît de forces. Le plus difficile serait d'organiser cette tourbe turbulente, de l'obliger à se soumettre à une direction et aussi de la faire vivre, dans le cas où le pays à parcourir n'offrirait pas de ressources suffisantes.

La constitution de l'infanterie marocaine est moins irrégulière que celle de la cavalerie. Elle forme une armée permanente se recrutant parmi les hommes de 16 à 60 ans. Tout cela se fait de la façon excessivement arbitraire que nous avons décrite précédemment. Il n'y a pas de levées périodiques régulières; les effectifs des corps sont toujours en déficit; à la veille d'une expédition, on complète hâtivement par une levée les bataillons qui doivent être mobilisés. L'exonération à prix d'argent est admise pour tous ceux qui peuvent payer; on conçoit qu'il en résulte des exactions de la part des fonctionnaires, peu surveillés en général. Le contingent à lever étant fixé, le territoire qui est requis pour cette levée doit fournir le nombre de recrues, sans tenir compte des exonérations.

Les recrues comprennent un nombre considérable d'enfants pouvant à peine soulever un fusil et aussi de vieillards débiles. Le soldat, une fois levé, doit servir jusqu'à ce qu'il devienne invalide.

Comme son existence est toute de misère, la solde étant peu ou point payée la plupart du temps, personne ne se soucie de mener une vie pareille, et beaucoup s'y soustraient ensuite par la désertion.

Les levées hâtives faites la veille d'une expédition démontrent qu'au Maroc on ne se préoccupe pas beaucoup de l'instruction du soldat. D'autre part, si au Maroc bien des tribus sont récalcitrantes en face du percepteur, bien davantage le sont en présence du recruteur. Les levées sont, par conséquent, ordonnées surtout sur les tribus les plus soumises; et ce sont les moins guerrières, toutes réserves faites au sujet des tribus maghzen, qui fournissent leur service dans des conditions spéciales, bien plus avantageuses pour les individus et par suite mieux acceptées par eux.

L'organisation d'une infanterie à peu près régulière ne date que de 1845. Muley Abd-er-Rahman, après sa défaite sur l'Isly, prescrivit de former une infanterie en prenant, au moins pour l'uniforme, nos zouaves comme modèles. Il y a actuellement 30 *tabors* (bataillons) d'infanterie, présentant un effectif total de 10.000 hommes seulement. En temps de guerre on prévoit l'effectif de 1.000 hommes par bataillon ; mais ce chiffre serait difficile à atteindre. Le bataillon du temps de paix n'est donc que de 330 hommes ; la compagnie (*mia*) devrait être de 100 hommes au moins, et cependant elle ne compte qu'un officier. En réalité, la composition des bataillons s'écarte beaucoup de ce qu'elle devrait être.

Un certain nombre de ces bataillons ont des garnisons à peu près sédentaires, sauf le cas d'expédition, et l'effectif réel du bataillon est en rapport avec l'importance de la garnison ; cela se voit dans les ports de la côte.

Le plus grand nombre des bataillons est réuni auprès du sultan et le suit dans ses pérégrinations d'une capitale à l'autre.

Il n'y a pas de groupement de bataillons en régiments et en brigades. Le sultan répartit les bataillons entre les divers chefs selon son bon plaisir.

L'uniforme n'est qu'un vain mot pour cette infanterie.

L'habillement est disparate non seulement d'un corps à l'autre, mais dans le même bataillon, aussi bien pour la couleur du drap que même pour la coupe des vêtements ; car il arrive que la veste et la culotte, chères aux musulmans, font place à de vieilles tuniques rouges fournies par des fripiers juifs de Gibraltar et à de simples caleçons.

Le soldat reçoit, lors de son incorporation, un habillement à peu près complet, qu'on ne renouvelle que très rarement. Le Marocain s'habitue à vivre dans ses habits et son linge crasseux ; en marche, il se débarrasse de tous les effets qui le gênent. On en voit qui sont nus jusqu'à la ceinture et qui placent leurs vestes sur la tête pour s'abriter du soleil ; d'autres sont nu-tête et beaucoup sont nu-pieds ou remplacent les babouches réglementaires par des sandales tressées avec de l'alfa ou toute autre plante textile. Le soldat fabrique lui-même, tout en marchant, les chaussures qu'il mettra aux pieds et dont il aura cueilli la matière sur les côtés de la route.

Le fantassin n'a ni havresac, ni musette ; chacun porte ses effets comme il l'entend, parfois même dans un paquet ficelé, suspendu au bout du canon de son fusil. Beaucoup de soldats amènent avec eux des mulets ou des ânes ; ils se cotisent pour acheter ces animaux, si toutefois ils les achètent, et s'ils ne se les ont pas procurés par des moyens illicites. Ils chargent sur ces bêtes de somme tous leurs effets et y ajoutent parfois leurs armes et leurs munitions. Ils traînent à leur suite nombre de femmes. Quelques-uns ont des tentes ; le plus grand nombre campe à la belle étoile, s'ils n'ont pas pu se construire des gourbis.

Ils achètent avec leur solde les ustensiles nécessaires à la cuisson des aliments.

Actuellement, l'infanterie des bataillons est armée de fusils rayés, mais de tous calibres et de toutes provenances. Peu de ces armes se chargent par la culasse : les cartouches métalliques ne sont pas en faveur au Maroc parce qu'on n'en fabrique guère dans le pays et qu'il est souvent difficile de s'en procurer de convenables auprès du commerce européen, vu la diversité des calibres et des types d'armes. Du reste, le gouvernement marocain n'aime pas à faire des approvisionnements de cartou-

ches métalliques, difficiles à conserver longtemps en bon
état sous le climat du Maroc.

Chaque fusil est muni d'une baïonnette, à moins que
le soldat ne l'ait perdue. Ce dernier porte autour des
reins un ceinturon auquel sont suspendus le fourreau
de la baïonnette et une giberne d'un modèle quelconque. Beaucoup de soldats y ajoutent, en expédition, d'autres armes, telles qu'un poignard, le tout à leur gré.

Tout fantassin a droit à une solde et à une ration de
vivres. La première est touchée très irrégulièrement ;
les arriérés de solde sont souvent perdus pour le soldat.
En expédition, les populations que traverse la colonne
fournissent les vivres. A défaut de rations, le soldat se
nourrit comme il peut ; on tolère alors le pillage.

L'instruction de l'infanterie marocaine est confiée
presque toujours à des instructeurs européens ; les uns
sont Français ; les autres Anglais, à moins que ce ne
soient des Marocains instruits à Gibraltar. Chaque bataillon manœuvre d'après le règlement de l'armée qui
a fourni l'instructeur européen ; ceux qui n'en ont pas
se bornent à apprendre à se ranger en ligne et à défiler,
éventuellement, devant le sultan. Il existe à ce sujet des
usages séculaires qu'on respecte toujours.

Le soldat marocain est sobre de par sa religion et
soumis à ses chefs, parce qu'ils sont les délégués du sultan, le descendant du Prophète.

Lorsqu'il est trop mécontent de ses officiers, il dé-
serte, et le plus souvent il disparaît pour toujours. C'est
peut-être là le frein nécessaire aux abus d'autorité, aux
exactions qui doivent souvent se produire, faute de contrôle suffisant.

L'artillerie marocaine constitue une sorte d'élite dans
l'armée. Elle se divise en artillerie de forteresse et en
artillerie de campagne.

La première est constituée en détachements sédentaires, fixés presque tous dans les ports de la côte. Le service y est héréditaire dans les familles ; il confère à celles-ci l'exemption de l'impôt et une concession de jardins ou de terres arables à proximité de la ville.

A défaut de concession, l'artilleur de la famille reçoit chaque mois une petite solde.

Le matériel est, en général, dans un état déplorable, surtout les affûts et les roues, presque toujours vermoulus ; les ferrures sont aussi fortement rouillées. Trop souvent les pièces gisent sur le sol, privées d'affût et sans qu'il y ait de moyens prévus pour les mettre en batterie. Les pièces sont presque toutes anciennes et d'une résistance devenue douteuse avec l'emploi des poudres modernes. Les artilleurs de chaque port savent fort bien le parti qu'ils peuvent tirer de chaque pièce et ils ne font usage que de celles qui sont solides et montées sur de bons affûts pour tirer les salves dans toutes les occasions où le règlement ou la coutume prescrivent ce genre d'honneurs. Il y a quelques pièces modernes de gros calibre pour la défense de Tanger ; elles sont assez bien entretenues.

L'artillerie de campagne consiste en deux bataillons d'infanterie d'élite, exercés à la manœuvre des pièces, de celles de montagne surtout. Le recrutement de ces bataillons est fait avec grand soin dans les tribus maghzen ou dans les capitales ; les canons ne doivent être confiés qu'à des sujets absolument dévoués au sultan. L'artillerie de campagne est à peu près constamment concentrée auprès du souverain. Les deux bataillons comptent ensemble 1.500 hommes.

L'instruction d'artillerie est dirigée par des Européens qui se louent de la bonne volonté des soldats, lesquels sont très fiers d'être artilleurs. Les canons sont considérés par eux comme choses sacrées ; ils sont les armes personnelles du sultan.

Toute cette artillerie n'a qu'un petit nombre d'attelages et même de mulets de bât. La veille du départ pour une expédition, les animaux nécessaires sont levés dans les tribus par voie de réquisition. Cette méthode doit produire au bout de peu de jours beaucoup de non-valeurs.

Le matériel de l'artillerie de campagne est aussi disparate que celui de l'artillerie de forteresse. Il n'y a pas deux batteries dont les munitions soient interchangeables. On y voit tous les types, même un canon démontable. Les deux tiers des pièces sont de montagne; ce sont les seules dont l'emploi soit assuré dans toute expédition.

Il n'y a pas de troupes du génie, ni de services administratifs dans l'armée marocaine. Les barbiers sont chargés de faire les opérations chirurgicales les plus simples ; les amputations sont interdites par la religion ; les soins donnés se bornent habituellement à entourer le membre brisé avec de la glaise, à consolider le tout avec des attelles en bois de façon à immobiliser les parties fracturées et Dieu fait le reste. Il y a des blessés pour lesquels ce traitement réussit. Les médecins sont remplacés par des empiriques, vendant des remèdes et confondus dans la foule des marchands qui suivent l'armée.

Le Maroc était autrefois, à certains égards, une puissance maritime ; ses corsaires étaient actifs et redoutés depuis l'embouchure du Sénégal et jusque dans le golfe de Gascogne. L'abolition de la piraterie a amené la presque totale disparition des marins marocains. Ceux, très peu nombreux qui subsistent, sont, comme les artilleurs, marins de l'Etat de père en fils. Ils sont exemptés d'impôt et investis du droit exclusif de charger et de décharger les navires. Ils partagent cependant avec le gouvernement les salaires qu'ils reçoivent. Le sultan possède encore quelques bâtiments légers qui lui sont nécessaires pour la police des côtes et la répression de la contrebande.

Il serait difficile d'évaluer l'effectif que le Maroc mettrait sur pied contre une puissance européenne. Les troupes locales ne fourniraient que de faibles contingents ; mais l'effectif des unités destinées au service actif serait doublé facilement soit par les tribus maghzen, soit par des levées, bien que celles-ci ne puissent pas donner de soldats instruits ; toutefois, eu égard à l'instruction défectueuse des soldats déjà sous les armes, et surtout de leurs officiers, le mélange des nouveaux éléments ne se remarquerait guère. L'armée marocaine ne pourra jamais combattre que comme troupes irrégulières ; cependant, elle comptera nombre de vaillants guerriers, et, dans la cavalerie, d'hommes très adroits à manier leurs armes et leurs chevaux.

Dans toutes les armes, les officiers sont ignorants de leurs fonctions ; mais on peut compter qu'ils donneront l'exemple de la bravoure. Les unités, si faibles en temps ordinaire, deviendront peu maniables pour eux si leur effectif est doublé ou triplé ; les manœuvres européennes qu'ils pourraient essayer de reproduire sur le champ de bataille seront plus nuisibles qu'utiles avec les soldats marocains. Ceux-ci tomberont rapidement dans un désordre complet, et leurs officiers, en voulant grouper les efforts, créeront des masses dans lesquelles les feux de mousqueterie et d'artillerie des Européens feront de grands ravages.

Le haut commandement n'est nullement organisé dans cette armée ; il est désigné selon le caprice du souverain ; les emplois correspondants au grade de général sont presque exclusivement attribués d'emblée aux fils, frères et oncles du sultan, sans égard pour la capacité.

Le sultan pourra réunir une armée de 50.000 hommes réellement combattants, s'il ne met sur pied que les forces susceptibles d'être bien organisées ; mais il lui sera difficile de les nourrir dans les pays sans ressources. Avec les nombreux non-combattants que les Marocains ont à leur suite, cette armée de 50.000 combattants sera probablement de 75.000 personnes à nourrir.

En dehors de cette force mobile, il faut admettre que beaucoup de combattants resteront dans leurs régions respectives pour y maintenir l'ordre et l'autorité du souverain. De même il y en aura pour la défense des côtes, bien qu'aucun des ports ne soit en état de résister à une escadre européenne tant soit peu respectable.

Il faut admettre que, dans un pays aussi décentralisé, mais aussi religieux que le Maroc, une seule victoire européenne ne détruira pas la résistance. Au contraire, le fanatisme religieux soulèvera des combattants dans tout le pays, et la partie la plus difficile, la plus hasardée de la campagne pourrait bien ne commencer qu'à ce moment pour les Européens. Toutefois, si l'agresseur n'émet que des exigences modérées, il est très admissible que le sultan préfère s'y soumettre que de se jeter dans une lutte désespérée dont il courrait risque de ne plus avoir la direction.

Une guerre au Maroc sera donc pour une puissance européenne une entreprise dans laquelle elle ne devra pas se jeter inconsidérément, cette puissance serait-elle la France : car cette guerre pourrait se prolonger longtemps, absorber beaucoup d'hommes et d'argent, et, en tout cas, lui ôter absolument toute liberté d'action sur tout autre théâtre de guerre que le Maroc.

Certaines personnes, absolument ignorantes de toutes ces considérations, ont pensé que nous viendrions à bout du Maroc aussi facilement que nous y sommes parvenus pour la Tunisie, et que là encore nous pourrions imposer un protectorat. C'est méconnaître follement les intérêts que plusieurs puissances européennes ont au Maroc. Leur étude fait l'objet du chapitre suivant.

XI

LE MAROC EN FACE DES PUISSANCES EUROPÉENNES

Lorsque cette étude fut commencée, un agitateur n'avait pas encore levé contre le sultan l'étendard de la révolte. Quel est le but de ce rebelle? Il serait difficile de le préciser, puisqu'aucun manifeste insurrectionnel n'est parvenu en Europe. Ce qu'on ne peut se dissimuler, c'est la gravité des griefs que la révolte impute, dit-on, au sultan actuel; elle prétend, en effet, rétablir la stricte observance de la religion musulmane ; elle reproche au souverain son goût immodéré pour les choses et pour les inventions d'Europe ; elle réprouve aussi la faveur avec laquelle il accueille les étrangers, et plus spécialement les Anglais, qui ont acquis sous son règne une incontestable influence à la cour de Fez. Aussi est-il permis de penser que les ordres religieux de l'Islam ne sont pas indifférents au mouvement insurrectionnel; peut-être le soutiennent-ils? Dans ce cas, la révolte pourra subir des revers, être étouffée dans le sang; mais alors l'action des congrégations religieuses la réveillera plus tard, pour la faire définitivement triompher. Evidemment, un accord entre elles et le souverain n'est pas absolument impossible à conclure; mais il se fera nécessairement aux dépens de l'ingérence des étrangers dans le gouvernement actuel. Les dévots musulmans exigeront une réaction marquant le changement de régime, et le sultan achètera quelques-uns des partisans de l'agitateur.

Si, au contraire, la révolte triomphe, elle sera bien tenue de rester fidèle à la devise qu'elle a inscrite sur son étendard, mais elle pourra user de modération.

De toutes façons, il paraît donc difficile que les étrangers n'aient pas à payer les frais de la lutte qui s'est engagée. Il est dès lors opportun d'étudier l'importance des intérêts des diverses nations européennes qui font des affaires avec le Maroc.

Le chiffre des Européens établis aujourd'hui dans ce pays est notable ; il grossit surtout d'année en année. Ce n'était point la rigueur d'un climat meurtrier qui avait écarté jusqu'à ce jour les Européens, c'était bien l'hostilité des Marocains contre les chrétiens. Le Maroc, nous l'avons déjà fait remarquer, est, dans la partie que nous avons dénommée le Maroc géographique, une contrée réellement privilégiée. Séparée du reste de l'Afrique par les cimes élevées de l'Atlas, rafraîchie par les brises humides de l'Océan, elle jouit d'un climat spécial et préférable pour l'Européen à celui de bien des régions de l'Algérie et de la Tunisie. Mieux accueillis, les négociants seraient bientôt accourus de toutes parts pour échanger leurs marchandises contre les produits d'un sol fort riche. Les agriculteurs européens n'auraient pas tardé à les suivre pour augmenter cette richesse agricole et en profiter ; les moyens de transport, actuellement rudimentaires, et les voies de communication, restées encore à l'état de nature, se seraient perfectionnés. Le Maroc enfin se serait civilisé. Le souverain paraît ne pas avoir entrevu cette éventualité avec horreur ; mais ses sujets fort dévots lui en ont fait un crime, et c'est là certainement l'origine de la révolte en dehors des intrigues particulières qui comptent l'utiliser.

Si les nations européennes se sont créé des intérêts au Maroc, ceux-ci ont aussi éveillé des compétitions, des rivalités; car plus la proie est belle, plus ceux qui la convoitent sont possédés d'une ardeur difficile à réfréner.

La révolte de l'agitateur Bou Hamara, si elle triomphait, risquerait de mettre sur le tapis le règlement d'une question réellement européenne.

Nous examinerons donc d'abord la situation du Maroc en face des nations d'Europe ; nous l'étudierons ensuite à notre point de vue spécial de Français, maîtres de l'Algérie.

Tout ce qui touche à l'existence du Maroc ne peut que prendre de l'importance pour une grande partie de l'Europe de ce seul fait que le Maroc et l'Espagne bordent les deux côtés de l'entrée dans la Méditerranée.

Toutefois, l'Angleterre est à Gibraltar et s'y trouve même un peu à l'étroit, et l'Espagne est au contraire à Ceuta, où elle est réduite à l'impuissance. Or, la Méditerranée, c'est *notre mer, mare nostrum,* la mer de la race latine. Il est humiliant pour notre race de voir l'Angleterre tenir à peu près seule la clef de notre domaine. La Méditerranée semblait devoir rester l'apanage exclusif de la race latine et de la race grecque. Aujourd'hui la race qui la domine absolument par ses citadelles, par la flotte de guerre puissante qu'elle y entretient en permanence, par la garde qu'elle monte à ses deux issues, c'est la race saxonne. De quel droit ? Parce que cela est utile, indispensable à ses intérêts ; parce que c'est la voie la plus directe pour aller aux Indes, dans l'Extrême-Orient.

La nation qui est le plus intéressée à surveiller toutes les complications qui peuvent survenir au Maroc est donc l'Angleterre ; elle l'est plus que nous, Français, qui méconnaissons trop souvent nos intérêts matériels et même moraux pour nous complaire dans des discussions philosophiques ou sociales. On peut être certain que l'Angleterre profitera de toute révolution au Maroc pour assurer plus exclusivement à son profit la garde de l'entrée de la Méditerranée.

Mais le Maroc a une grande importance à un autre point de vue. Pendant longtemps il fut fermé aux étrangers, surtout aux Européens ; sur mer, ses habitants pratiquaient la piraterie ; sur terre, ils se livraient à la traite des nègres ; aujourd'hui tout cela est devenu impossible. Ce furent d'ailleurs les sultans qui, de leur propre initiative, admirent, dans une certaine mesure, le commerce européen dans les ports de la côte occidentale. Ils en tirèrent immédiatement de grands profits en frappant d'impôts les importations et même les exportations. Leur barbarie ignorait le protectionnisme et le libre échange; ils n'établissaient des douanes que pour se procurer de l'argent. Malgré des taxes arbitraires et souvent excessives, le commerce européen, languissant d'abord, grandit progressivement. Assez habilement, les sultans n'en voulurent jamais attribuer le monopole à aucune nation européenne ; toutes ou presque toutes vinrent l'une après l'autre se livrer à des échanges dans les ports de cet empire, et aujourd'hui le Maroc est devenu un grand marché, sur lequel tous les Européens rivalisent pour y écouler les produits de leur industrie. Les nations qui se distinguent dans cette concurrence sont : l'Angleterre, l'Espagne, l'Allemagne, l'Italie et enfin la France, qui, seule, peut commercer aussi par terre, mais qui n'en a profité que très faiblement, le sultan préférant probablement n'avoir que des bureaux de douane maritimes et restant, par conséquent, indifférent aux difficultés apportées dans les relations commerciales avec nous par les tribus, presque toutes insoumises, de l'Est de son empire.

Jusqu'à ce jour l'Angleterre n'a cependant fait aucune tentative notable pour transformer le Maroc en une colonie anglaise. Pour y arriver il lui faudrait employer une nombreuse armée de terre qui lui manque, et elle est assez bien renseignée par ses agents pour savoir que, pour faire la conquête complète du pays, un effectif de troupes peut-être égal à celui qui fut employé au Transvaal serait nécessaire, et qu'il faudrait de plus l'y maintenir longtemps.

Ce n'est pas le sultan du Maroc que les Anglais auraient le plus à craindre, ni même ses soldats pseudo-réguliers; ce sont les peuples marocains, qui certainement opposeraient à l'invasion chrétienne une résistance égale à celle que nous avons rencontrée en Algérie. Les races sur la côte septentrionale d'Afrique sont en effet d'autant plus belliqueuses qu'elles sont plus rapprochées de l'Occident. Evidemment la fameuse *cavalerie de Saint-Georges* serait appelée à la rescousse du fusil Lee et des *poum-poum*, qui firent plus ou moins merveille au Transvaal; mais les sacs d'argent pourraient fort bien ne pas arriver à calmer l'excitation due au fanatisme religieux.

L'Angleterre préfère donc, pour la question marocaine, à la solution par les armes celle plus lente, mais plus sûre de ses agents, de ses missionnaires et aussi de ses marchands, qui, souvent, sont aussi des agents diplomatiques.

Elle n'a pas fomenté le mouvement insurrectionnel actuel; celui-ci est même, en partie, motivé par les agissements imprudents des Anglais et dirigé contre eux; mais, si l'Europe devait intervenir plus tard, l'Angleterre n'accepterait aucun arrangement qui pût porter préjudice à sa situation sur le détroit de Gibraltar et au développement de ses transactions commerciales dans les divers ports de la côte. Sur le premier de ces deux points surtout elle se montrerait particulièrement intransigeante.

Elle est en ce moment admirablement pourvue pour faire de bonne politique *mondiale*, c'est-à-dire pour protéger et défendre vigoureusement ses intérêts dans n'importe quelle partie du globe, et mieux qu'aucune nation.

Elle siège dans une île ; la mer est son rempart, et la plus puissante flotte du monde est là pour le défendre. Elle a ceinturé le globe d'un réseau de fils télégraphiques sous-marins, atterrissant seulement dans des lieux sur lesquels flotte le drapeau britannique. Elle s'est assuré des lignes de communication avec ports de ravitaillement à des distances convenables dans toutes les directions utiles.

L'emploi de la vapeur pour la navigation a modifié absolument les conditions d'existence d'une grande puissance maritime. Autrefois on mettait sur les navires des vivres et de l'eau potable pour trois et quatre mois; poussé par le vent, le navire pouvait pendant tout ce temps ne pas toucher terre; il évitait les parages ennemis et les rencontres dangereuses. Aujourd'hui il lui faut du charbon, et il en consomme énormément. Les neutres ne peuvent en fournir à un belligérant sans commettre un acte presque hostile à son adversaire. Aussi, pour les navires anglais, existe-t-il des ports de ravitaillement anglais sur toutes les grandes routes du globe, et non pour un seul navire, mais, au besoin, pour une escadre.

On parle beaucoup de points d'appui pour la flotte : c'est employer une locution vicieuse. La flotte n'est puissante que si elle use de sa mobilité; elle doit répudier tout point d'appui; mais il faut absolument des ports de ravitaillement bien gardés et richement approvisionnés. Si elle ne cherchait qu'un refuge dans un port, elle y serait bientôt bloquée et elle deviendrait inutile. Que l'exemple de l'escadre espagnole à Santiago de Cuba nous instruise !

Le ravitaillement doit pouvoir être fait aussi fréquemment que l'exigera la marche généralement rapide des navires de guerre, et le charbon qu'il leur livrera ne devra pas être vieilli, éventé par un long emmagasinage : il ne produirait alors que des vitesses très réduites. Il faut donc que les ports de ravitaillement soient en tout temps très fréquentés même par le commerce, de façon que les approvisionnements de combustible puissent s'y renouveler fréquemment.

On conçoit dès lors que le système de fils télégraphiques et de ports de ravitaillement, avec lequel l'Angleterre enserre le globe, lui permette de faire de la bonne politique mondiale.

La nation qui n'a pas dans certaines mers du globe toutes ces mêmes ressources, doit s'abstenir d'y pénétrer en temps de guerre ; les navires qu'elle y enverrait deviendraient impuissants et seraient immobilisés.

Nous nous sommes étendus sur ces considérations parce qu'elles font comprendre pourquoi l'Angleterre jalonne avec tant de soin la route des Indes et de l'Orient, et pourquoi le Maroc, qui borde le détroit où passe la route la plus fréquentée par ses navires, est pour elle particulièrement intéressant.

Après l'Angleterre — et la France — l'Espagne est le pays que doit plus particulièrement émouvoir toute révolution au Maroc ; il lui est cependant absolument impossible d'y régler aucun conflit par ses propres moyens. Ses finances sont peu florissantes ; les partis s'y disputent le pouvoir sans le moindre souci de l'intérêt de la patrie, et enfin la présence des Anglais à Gibraltar neutralise toute action militaire de l'Espagne, si légitime qu'elle puisse être.

L'Espagne a montré à notre égard trop souvent de la susceptibilité et de la jalousie, alors que généralement notre attitude envers elle a toujours été des plus bienveillantes.

A quoi songeait-elle lorsqu'elle se joignit à l'Angleterre, à l'Allemagne, à l'Italie pour nous adresser des observations malveillantes et injustes, tantôt à propos de Figuig, tantôt à propos du Touat? Nous ne pouvons concevoir aucune jalousie envers l'Espagne; car nous savons bien qu'elle est incapable d'étendre son action sur les côtes septentrionales du Maroc; mais eût-elle ce pouvoir, que moins que n'importe quelle autre nation elle serait gênante pour nous.

Sur ce terrain spécial, ne devrions-nous pas nous trouver avec elle constamment la main dans la main? La conduite de l'Espagne nous paraît avoir été dictée plus souvent par un amour-propre exagéré que par la saine raison. Qu'elle se débarrasse d'abord des sentinelles anglaises de Gibraltar!

Les soldats espagnols sont assurément très capables de vaincre les Marocains. Ils sont braves, sobres et endurants à la fatigue, ce que les Espagnols appellent *sufridos*. S'ils n'ont pas réussi jusqu'ici au Maroc, cela tient probablement au commandement, non suffisamment habile, mais surtout à l'absence d'une administration prévoyante et capable.

L'Allemagne ne peut, pour le moment, avoir d'intérêts politiques au Maroc; cependant elle s'y est créé déjà d'importants débouchés pour son industrie. Son empereur paraît avoir beaucoup de goût pour une politique mondiale, et il s'efforce, dans ce but, de se donner une marine respectable et même puissante. Jusqu'ici cependant il ne s'est point assuré, pour ses escadres envoyées au loin, des ports de ravitaillement comme en possède quelques-uns — trop peu — la France, et comme ceux qui donnent à l'Angleterre la suprématie dans certaines mers lointaines. Aussi les *colonies* allemandes sont-elles actuellement *en l'air;* le commerce allemand en a l'intuition; il préfère beaucoup s'exercer dans les colonies des autres pays qui lui paraissent plus sûres, et il y réussit.

L'empire allemand aurait besoin de pousser ses frontières jusque sur les côtes de la Méditerranée, puisque c'est là la route la plus fréquentée du globe. Il convoite certainement le port de Trieste que pourrait peut-être lui donner le démembrement de l'Autriche.

Sans Trieste, tout au moins, l'Allemagne n'aura jamais que des établissements précaires en Orient et sur la côte orientale d'Afrique. Mais Trieste devenu port allemand serait bien gênant pour l'Italie, un des alliés de la Triplice.

Voilà encore une nation latine dont la diplomatie est faite pour nous stupéfier. Sur terre elle est l'alliée de l'Allemagne ; sur mer celle de l'Angleterre. Elle ne peut cependant pas méconnaître que l'empire allemand ne sera complet que quand il aura un pied sur la Méditerranée, et qu'il compte le prendre sur un terrain que les irrédentistes considèrent comme éminemment italien.

L'Italie montre encore plus d'aveuglement dans ses sympathies marquées pour l'Angleterre. Espère-t-elle donc supplanter un jour cette dernière dans la Méditerranée et le faire sans le secours d'aucune autre nation latine ? *Italia fara da se!* Oui; c'est nous qui avons constitué le royaume d'Italie, mais cela ne nous a valu que de l'ingratitude. L'Angleterre, plus avisée, ne permettra jamais à l'Italie de n'occuper qu'un rang très modeste dans la Méditerranée. Elle a besoin de *dominer* dans cette mer : c'est pour elle actuellement presque une question de vie ou de mort.

Les Italiens ne peuvent point avoir au Maroc d'intérêts politiques raisonnables. S'ils y prenaient pied effectivement, ils y resteraient à la merci de l'Angleterre. Du reste, ils ne paraissent pas outillés pour faire des conquêtes en Afrique, et ils devraient retirer quelque enseignement profitable de leurs malheureuses campagnes en Erythrée. Peut-être pourraient-ils réussir en Tripolitaine — mais avec l'indispensable permission de l'Angleterre. Or, pourquoi celle-ci la leur donnerait-elle ?

Les Italiens ont cependant quelques intérêts commerciaux au Maroc ; ils se sont même efforcés d'engager et d'entretenir des relations diplomatiques avec la cour de Fez, et ils lui ont fourni des ingénieurs ; mais cela ne peut aboutir à un résultat positif.

En somme, au Maroc comme presque partout, mais surtout sur les côtes septentrionales d'Afrique, les trois nations latines devraient unir leur action au lieu de se contrecarrer. Elles se trouveront inévitablement en face de l'Angleterre ; mais il est impossible qu'il en soit autrement, puisque c'est au détriment des riverains de la mer latine que l'Angleterre veut y dominer absolument.

Un vent d'aberration souffle sur les nations latines.

S'il persiste, ce sera l'abaissement et bientôt l'anéantissement de cette race. Elle aura mérité son sort par les perpétuelles jalousies qui la divisent et que saluent les applaudissements ironiques de la race saxonne et de la race germanique.

XII

RAPPORTS DÉSIRABLES ENTRE LA FRANCE ET LE MAROC
CONCLUSIONS

Depuis que par la conquête de l'Algérie nous sommes devenus les voisins du Maroc, nous n'avons jamais commis envers cet empire un acte quelconque indiquant chez nous des velléités de conquête. Nous avons précédemment exposé de quelle nature furent nos relations, et nos lecteurs ont pensé probablement avec nous que notre diplomatie s'est toujours montrée plus que modérée, qu'elle a été trop souvent timorée, et il en est résulté que nous ne possédons pas actuellement sur nos voisins l'influence que nous pourrions avoir acquise avec plus de fermeté. Cette influence a même plutôt subi une notable diminution au cours des vingt-cinq dernières années.

Pendant longtemps les nations européennes n'eurent pas à la cour de Fez d'agents diplomatiques, ni même consulaires. Ces agents résidaient à Tanger et réglaient toutes les questions en litige avec un haut fonctionnaire marocain, résidant également dans ce port et spécialement accrédité à cet effet. Comme les questions à débattre étaient presque exclusivement des affaires concernant les douanes et la police des ports, et que le fonctionnaire marocain était toujours choisi en raison de sa compétence dans ces affaires et de son habitude de les traiter avec les Européens, ce mode de relations diplomatiques était éminemment favorable à la rapidité des solutions et aussi à leur équité.

Pour nous, Français, il offrait particulièrement cet avantage d'éloigner de la cour du sultan toutes les influences étrangères qui auraient pu avoir beau jeu avec la foule des intrigants et des personnages princiers avides qui forment l'entourage du souverain et où il leur eût été toujours facile d'acheter des concours.

Seuls, nous avions cependant à régler avec le Maroc des litiges concernant nos frontières terrestres ; il faut même avouer qu'ils étaient en général mal réglés. L'*amal* d'Ouchda, qui fut parfois chargé de représenter le sultan, était un personnage de trop médiocre importance pour pouvoir, de son initiative, proposer et accepter la moindre solution. Aussi avions-nous en dernier lieu à Fez un agent officieux, lequel, sans titre officiel, traitait directement avec le gouvernement marocain les questions relatives aux frontières terrestres.

C'était un véritable privilège dont nous aurions dû profiter discrètement. Aussi ce fut certainement au grand ébahissement du sultan Abd el Aziz que, profitant de son récent avénement au trône en 1895, et nous appuyant sur le texte d'anciennes conventions diplomatiques, nous lui demandâmes l'installation d'un consulat français à Fez. Combien cette imprudence, échappée à des personnes qui ne se doutent pas de la manière dont il faut traiter les affaires avec les Orientaux, a-t-elle dû réjouir les conseillers du sultan. Celui-ci nous avait reconnu autrefois la faculté d'installer près de lui un consul; mais il ne s'était pas interdit en même temps le droit d'accorder la même faculté à d'autres puissances. Aussi, dès que nous eûmes obtenu l'installation d'un consul à Fez, l'Angleterre d'abord, puis l'Espagne et l'Allemagne, et enfin l'Italie, réclamèrent et obtinrent le même droit pour elles. Nous avions donc contribué à rassembler autour du sultan un foyer d'intrigues européennes.

Aussi, depuis ce changement dans nos relations diplomatiques avec le Maroc, la situation n'a-t-elle cessé d'y être moins favorable à nos intérêts.

Les Orientaux ne sont pas des gens barbares et ignorants, tels que se les imaginent les personnes qui n'ont pas eu à traiter avec ceux d'entre eux qui occupent des situations dans le gouvernement.

En conséquence, les conseillers du sultan à Fez inaugurèrent une politique étrangère exactement calquée sur celle des Turcs à Constantinople. Ils opposent actuellement les nations européennes les unes aux autres, et ils agissent ensuite librement, selon leurs propres intérêts, en profitant des rivalités qu'ils engendrent.

Leur habitude est donc de déférer le moindre incident survenu sur notre frontière terrestre à une sorte d'arbitrage exercé par les autres agents diplomatiques, et de transformer cet incident en une question européenne ; nous l'avons éprouvé pour Figuig, pour le Touat, et, par suite, notre diplomatie est devenue de plus en plus timide, et elle finira par provoquer toutes les audaces contre elle.

Il serait grand temps d'abord qu'une convention diplomatique nouvelle réglât d'une façon précise la police de notre frontière terrestre ; elle devrait notamment consacrer formellement notre droit de poursuivre les pillards marocains au delà de la frontière et jusque dans leurs oasis, aussi longtemps que le sultan ne pourra pas entretenir dans cette région une force armée suffisante pour y faire respecter, en même temps que son autorité, le droit des gens tel que le reconnaissent les nations civilisées.

En attendant, lorsque nous aurons une répression à exercer sur les nomades marocains, il faut qu'elle soit toujours vigoureuse pour éviter d'avoir à la répéter fréquemment. On bombardera, par exemple, Figuig ; on en rasera nombre de maisons des plus importantes ; on coupera le plus possible de palmiers ; mais ensuite nos troupes se retireront en deçà de la frontière pour bien marquer que c'est une répression que nous infligeons à des pillards, et que ce n'est pas une conquête que nous prétendons faire.

Le sultan de Fez n'opposerait aucune résistance à ces actes si nous montrions quelque fermeté. L'Angleterre et l'Italie seraient mal venues de produire à ce sujet quelques protestations ; car nous n'aurions fait qu'imiter les bombardements que ces deux nations ont dirigés récemment contre des ports turcs dans la mer Rouge et dans le golfe Persique, et sous prétexte que ces ports étaient des refuges de corsaires et de pillards. Le sultan de Constantinople est cependant un souverain que depuis longtemps les nations européennes traitent d'habitude d'une façon moins cavalière.

L'Allemagne à Haïti et dans le Venezuela n'a-t-elle pas non plus vengé ses griefs d'une façon qui ne cadre nullement avec les notes diplomatiques qu'on échange généralement à la suite d'un incident?

Partout, en France et en Algérie, dans des banquets politiques notamment, des personnes, parlant de ce qu'elles ne savent pas, parce qu'elles n'ont pas étudié, ont invité notre gouvernement à *imposer son protectorat au Maroc*. Evidemment ce sont là des provocations engendrées par la *chaleur communicative des banquets;* mais elles n'en sont pas moins imprudentes, et il est certain que ces propos sont recueillis avidement par la presse des nations qui sont en compétition avec nous au Maroc, et que leurs agents savent fort bien les mettre sous les yeux du sultan et de ses conseillers.

Nous sommes alors réputés rester *l'ennemi héréditaire*

du Maroc, et les autres nations en deviennent à bon marché les protecteurs.

Il serait bon, puisque le gouvernement français ne peut empêcher les bavards de pérorer, que cependant, à la suite d'imprudences du genre que nous citons, il fît paraître dans un organe officiel une note réprouvant énergiquement ces propos. Nos agents au Maroc pourraient ensuite la mettre sous les yeux des personnages influents de la cour de Fez.

Il serait fort utile, le cas échéant, et pour répondre à des agissements perfides d'autres nations, nos rivales au Maroc, qu'on fît connaître aux Marocains la façon dont les escadres de ces nations bombardent et brûlent les ports en représailles de griefs cent fois moindres que ceux dont nous avons à nous plaindre sur notre frontière occidentale d'Algérie.

Il ne peut être question d'étudier ici minutieusement l'organisation de notre diplomatie au Maroc, tant que l'ordre et la paix n'y auront pas été rétablis. On ne peut même prévoir comment et quand ils le seront. Mais il est à croire que ce grand pays ne pourra pas plus qu'un autre se passer d'un gouvernement, à moins toutefois qu'il n'en possède un jour deux, comme autrefois, à Fez et à Maroc.

Voici cependant quelle devrait être la consigne de nos diplomates au Maroc : maintenir le plus longtemps possible le *statu quo* dans ce pays ; s'abstenir cependant d'y renforcer le pouvoir central au point d'en constituer un danger pour nous. Manifester en toute occasion notre respect pour l'intégrité du Maroc, toute question de représailles sur les frontières nous étant réservée, mais sans esprit d'empiètement. S'efforcer même d'interposer, sans nous compromettre, nos bons offices dans tout conflit surgissant entre le Maroc et une nation européenne.

Dès que cela sera possible, s'occuper d'un nouveau règlement de la question des frontières.

À ce sujet, écarter résolument toute idée de reporter notre frontière jusqu'à la Moulouïa. Nous n'en avons pas besoin ; nous retrouverions au contraire sur ce pseudo-fleuve toutes les difficultés que nous éprouvons sur la frontière actuelle : elles seraient même probablement plus graves. Le pays qui nous reviendrait de ce chef est d'ailleurs presque désert et improductif.

Conservons donc notre frontière actuelle; mais faisons-la respecter à tout prix. La situation actuelle n'est pas digne de la France. Cette frontière peut, nous l'avons expliqué, être améliorée sans que quelques emprunts de terrain faits aux dépens du Maroc portent, en quoi que ce soit, atteinte à la puissance de ce pays.

Les rectifications de frontière que nous avons indiquées ont pour but de diminuer les causes de conflits et de corriger les erreurs commises à une époque où nous ne connaissions pas assez cette région.

La directrice à suivre pour ces rectifications pourrait être le méridien passant par l'embouchure du Kiss, tel que l'indique notre croquis n° 3. On s'efforcera, tout en suivant les lignes saillantes du terrain, de ne s'écarter de cette directrice que le moins possible, tantôt à l'Est, tantôt à l'Ouest, les écarts de chaque côté devant d'ailleurs se compenser entre eux.

Il sera indispensable de dire cette fois de la façon la plus précise à quel pays appartiendra chaque source, chaque *redir* (réservoir naturel d'eau); car l'eau est précieuse dans ces régions arides, et elle occasionne bien des conflits. Les pâturages seront délimités, et le droit de liberté de parcours pour les troupeaux en dépit de la frontière sera supprimé.

La frontière devra être très visible sur le terrain, c'est-à-dire qu'elle devra suivre des lignes topographiques empruntées au relief à l'exclusion, en général, des thalwegs, qui, pouvant contenir de l'eau, deviendraient l'origine de querelles.

Les guerres de tribu à tribu étant ainsi évitées, il n'y aura plus à s'occuper que des bandes de brigands. Envers eux la répression doit être impitoyable et ne pas tenir compte du tracé de la frontière. Si ces bandes venaient à entraîner à leur suite des tribus entières en leur promettant le pillage, chose qui n'est pas rare, la répression devra frapper aussi la tribu coupable, et dès lors le mieux sera de bombarder au moins une des oasis de la tribu et d'en saisir tous les approvisionnements.

En thèse générale, soyons désintéressés avec les Marocains ; soyons même pour eux, à l'occasion, des protecteurs bénévoles et bienveillants, s'ils nous le demandent ; ce sera le meilleur des protectorats : mais soyons fermes à leur égard ; ne nous laissons jamais duper par leurs promesses fallacieuses et leurs atermoiements. Un proverbe arabe dit : Insensé est quiconque insulte le maître du sabre. C'est assez faire comprendre que plus qu'aucun autre peuple, les Arabes savent s'incliner devant la force, surtout quand elle agit avec justice. Elle devient alors une manifestation de la volonté de Dieu, *le maître des deux mondes;* or, le respect de la volonté de Dieu est la base de la religion musulmane. Pour l'Arabe, elle restera toujours manifestée par un sabre; il n'aura que mépris et dérision pour celui qui arrivera avec de belles paroles, un encrier, un calame et un rouleau de papier. La bonne diplomatie agit avec les nations étrangères en tenant compte de leurs mœurs, de leur religion, de leurs traditions, de leurs intérêts, et elle se garde de s'inspirer de théories philosophiques, qui resteront d'ailleurs incomprises des Orientaux, tous gens de foi aveugle.

FIN

TABLE DES MATIÈRES

Paris et Limoges. — Imprimerie militaire Henri CHARLES-LAVAUZELLE.

www.ingramcontent.com/pod-product-compliance
Ingram Content Group UK Ltd.
Pitfield, Milton Keynes, MK11 3LW, UK
UKHW022229120726
13694UKWH00002B/766